大学创业与创业型大学的兴起

（第二版）

温正胞　著

浙江大学出版社

图书在版编目(CIP)数据

大学创业与创业型大学的兴起 / 温正胞著. —2 版.
—杭州:浙江大学出版社,2019.12
ISBN 978-7-308-19878-3

Ⅰ.①大… Ⅱ.①温… Ⅲ.①高等学校—教育改革—
研究—中国 Ⅳ.①G649.21

中国版本图书馆 CIP 数据核字(2020)第 002275 号

大学创业与创业型大学的兴起(第二版)
温正胞 著

责任编辑	石国华
责任校对	杨利军 黄梦瑶
封面设计	周 灵
出版发行	浙江大学出版社
	(杭州市天目山路 148 号 邮政编码 310007)
	(网址:http://www.zjupress.com)
排 版	杭州星云光电图文制作有限公司
印 刷	杭州钱江彩色印务有限公司
开 本	710mm×1000mm 1/16
印 张	10
字 数	160 千
版 印 次	2019 年 12 月第 2 版 2019 年 12 月第 1 次印刷
书 号	ISBN 978-7-308-19878-3
定 价	45.00 元

目　　录

绪　言

大学自中世纪在欧洲出现以来，历经数百年的变革与发展，与社会发展的联系越来越密切，高等教育机构已成为最为复杂的教育系统。"大学"形象也已经远不是中世纪的博洛尼亚大学或者巴黎大学、近代的柏林大学等所能代表了，甚至已经很难用"大学"一词来描述人们心目中的高等教育机构的形象了。聚集了世界第一流学者与研究机构的著名高等学府如哈佛、牛津等当然是大学，而没有显赫的学术声望但却一直以来授予学生专科、本科文凭的学院也是大学，甚至以虚拟的方式存在于网络之上，提供各类大学课程与文凭的网络高等教育机构也是大学。可以说，在 21 世纪，最难以描述的教育机构或许就是大学了。"大学"这个曾经非常清晰的形象与定义如今却是如此复杂与难以定义，在许多时候，只有在许多官方的政策文本中的"第三级教育"这个术语才能囊括所有高等教育机构而不引起人们的争议。

但是，不论大学是以"象牙塔"的形象还是无所不能的"巨型大学"的形象，甚至以"高等教育有限公司"的形象出现，都无法改变大学一直以来都是影响人类文明进程的最重要社会组织之一这一事实。几百年以来，大学内在属性的变革与外部形象的变化也都一直是社会关注的焦点。尤其是在社会进入以知识创新为主要驱动力的信息社会、知识经济社会之后，承担着社会最重要的知识传播与知识创新功能的高等教育系统，其社会地位与受重视程度，达到了历史上的最高点。大学在围墙内外的是是非非与种种变化，都是各类媒体关注的焦点，整个高等教育系统已经成为国家发展战略的重要组成部分。当今社会，没有哪一个国家不把高等教育的发展与改革作为重要的政策领域，没有哪一个政府不把提升本国各种类型大学的创新能力与服务社会能力作为国家发展的重大战略。发展中国家致力于摆脱自己长期以来处于经济与文化双重第三世界的困境，希望通过大力发展高等教育，创建高水平大学来提升自己在世界知识体系中的地位。发达国家则意识到21世纪是一个以创新与科技竞争力为主题的时代,只有继续保持自己在高等教育系统的整体实力与知识创新方面的优势,才有可能继续处在世界的领先位置。以往大学给人的印象是一种以冷静的方式提供人们研究或哲思的场所,今日的大学则是以一种热忱的方式直接过问并推动着人们的经济生活与文化生活。虽然大学仍然被人们尊称为"象牙塔",诸多最宝贵与最重要的学术思考仍然发生在大学里,但"象牙塔"这种称谓已经不全是当初的意味。人们在用"象牙塔"这个词语的时候,更多的是一种对旧时大学形象的怀念,因为谁都可以听见那个响彻整个社会的大学应该"走出象牙塔"的口号。

尤其是在整个社会的发展被视为经济的发展,整个年代被命名为某种经济时代的背景下,曾经以理性与高尚为荣誉、鄙视金钱与物质的"象牙塔",不仅不断地满足着社会的各种需求,更是满足着社会的种种欲望,尤其是在经济发展、物质享受上的欲望。大学不仅是社会经济发展的重要推动力量,大学本身也成为它所要推动的经济体系的一部分。20世纪后期以来,在某种程度上,高等教育系统已经习惯了市场与竞争的环境,并在21世纪延续了对市场、经济、竞争、绩效、评价、质量、标准化等概念与要求的适应,这也使得现在的高等教育系统与20世纪前的高等教育系统大不一样。这种不一样不仅仅表现在师生数量、学院与学科数量、校园面积这些规模上,更表现为内在精神的不一样。现在的高等教育系统不仅不再鄙视市场与追逐利润的行为,高等教育系统中的很大一部分甚至已经掌握了市场规则并从中获得发展的动力。或者说,市场因素已经融入所有类型的高等教育机构中,虽然不同的大学对市场的态度并不一样,甚至有些大学仍然拒斥商业文化对大学传统精神的破坏,但源自市场经济与商业领域的元素已经成为许多大学存在的合法性基础之一。

现在的高等教育系统是一个由各种不同类型与功能的高等教育机构组成的复杂学术系统,各种不同的高等教育机构存在的合法性基础也各不相同。与人们以"象牙塔"称谓大学时的以学术自由与自治作为大学存在的合法性基础的社会前提一样,许多新兴的高等教育机构之所以存在,其合法性基础并不纯粹是学术自由与自治,而是加入了其他的因素,其中就有市场的因素。传统上以学术自由与自治为其合法性基础的历史悠久的大学与高等教育机构,事实上如今也不可能无视市场力量的影响,其存在的合法性基础也或多或少地增加了一些与市场有关的因素。在新自由主义流行并统治主要资本主义国家半个多世纪的背景下,没有哪一个高等教育机构可以自信地说与市场没有任何关系。在许多场合,成功的大学往往是因与市场成功地互动而被树为典型的;在许多国家,高等教育的管理理念中有着明显的源自经济管理领域的因素。

在这样的背景下,现代高等教育机构的内部属性必然发生变化。构成高等教育内在逻辑基石的知识,其性质正在发生根本性的变化,知识正在成为一种富有市场价值的商品,按知识的市场价值高低形成等级,并影响到大学内部不同学科的地位与重要性程度。知识商品化与学术资本主义(academic capitalism)一起,直接促成了高等教育机构组织属性的嬗变。大学不再仅仅是非功利性的规范性组织,大学正在变得与诸多在市场经济中生存、发展的组织越来越接近,至少在高等教育的发展史上,大学与公司的相似程度今天是最相近的,尤其是在管理理念上。有些高等教育机构甚至直接宣称自己就是"高等教育有限公司",向顾客提供合乎标准、满足多元化需要的教学与课程服务。这种变化导致人们在使用"大学"一词时,显得心情复杂,其中仍然有对学术传统的尊敬,但少不了对以新的组织方式存在的这种特殊的学术机构新面貌感到迷惑。

高等教育机构与外部的互动模式也发生了变化。事实上,不管哪一类高等教育机构,都已经适应了在市场竞争的条件下生存的法则。虽然许多高等教育机构从政府那里得到的拨款是维持其日常运转的重要部分,按经营的方式获得的经费所占比重并不高,但不管哪一种途径,都需要提供合乎某种评价标准的证明,以竞争的方式获得。比如,处于学术体系顶端的高水平大学明白竞争对手正在向它们的地位发起冲击,因此它们致力于继续保持学术创新与竞争力的领先,向社会提供最高质量与水平的学术课程与研究成果,以保持自己在学术市场中的声誉。处于学术体系较低位置的新兴高等教育机构也明白自身在残酷的学术市场竞争中拥有的相对优势,努力通过灵活的办学方式与多样化的课程满足不同顾客对高等教育服务的需要,以赢得足够的资源使自己生存下去。不管是前者还是后者,它们与外部社会的互动模式有着基于市场原则的一致性,尽可能地满足外部社会不同利益相关者的需要,以合乎要求的高质量活动赢得自己存在的合法性。不管是哪一类大学,都在进行创业活动以保持自己的学术地位与竞争力,创业者精神成为大学经营者必须具备的素质。

当高等教育机构的内在组织属性和互动方式都不可避免地渗透着市场的因素时,创业型大学(entrepreneurial university)的出现也就合乎情理了。并且,作为一种全新的高等教育机构类型,与在高等教育发展史上出现的任何一种高等教育机构类型一样,创业型大学不仅仅是在全新的社会背景下高等教育机构组织转向的必然产物,是高等教育功能分化的结果,同时还极具象征意义,预示着高等教育场域的一场新的革命。创业型大学独特存在的合法性基础、独特的组织属性与迥异于传统大学的生存与发展策略,都指明了未来高等教育系统的多元化景象,证明了学术与市场两种不同的符号体系相互融合与对话的积极场面。

事实上,在伯顿·克拉克提出创业型大学这个概念,并用来指称高等教育系统在日益市场化的生存环境中实现组织转型的一些特殊的高等教育机构的时候,并没有多少深意。因为,在此之前的高等教育发展中,大学与其他类型的高等教育机构一直都是具有内有的"创业"精神的,无论是受好奇心驱动的学术未知领域的探索,还是基于利益回报驱动的用教学与科研特长服务社会的活动,抑或是组织自身的改革与生存,都需要有一定冒险精神的领头人,并敢于抓住这种机会。但是,因为长久以来人们已经习惯了将高等教育系统纯粹化为一幅美好的"象牙塔"画像,当"大学"这个包含着社会美好期望的机构与名称前面加上创业(entrepreneurial)这个前缀时,虽然有着高等教育系统发展到特定时期时真实的社会条件基础,但"创业型大学"这个名词还是有可能会刺激到各类人士,尤其是脑海中保持着美好的学术纯洁形象的社会观察家、精英知识分子、教育哲学分析人士、传媒领域人士等,他们从这个名词与背后的新型高等教育机构中清晰地感觉到了市场经济时代的高等教育系统在组织属性上的变化。他们开始对创业型大学的事实与象征意义进行各种阐释,这些阐释是如此之多,以至已经超越了创业型大学本身的意义。在许多评论者眼中,创业型大学并不是一个简单的高等教育机构在市场经济的大环境中的组织转型,而是学术在与市场的对话过程中落入传统人文精神的困境,它标志着高等教育一个时代的结束与一个新时代的开始。

可以肯定地说,创业型大学确实体现了高等教育发展史上一个极具象征意义的现象。尤其是当人们将其视为市场与学术对话的象征时,可以赋予创业型大学许多意义,其中许多意义甚至可能是真实存在于这个社会上的创业型大学本身都没有思考过的、没有认识到的,就如同黑格尔所言的"时代精神"真的在创业型大学这类特殊的高等教育机构中得到体现一样。创业型大学的出现在开始阶段无疑是具有相当轰动性的,研究并关注高等教育变革的人们也一直期待持续的轰动性,虽然这种轰动性并没有如期发生。从 20 世纪中后期开始出现伯顿·克拉克所言的创业型大学到 21 世纪的第一个十年,"创业型大学"这个词语带给人们的刺激性正在消退,人们已经认识到创业、创业精神是时代的属性之一。大学或者其他的高等教育机构无法逃避也无须逃避这个时代的属性。与当初伯顿·克拉克用创业型大学特指那些在与传统的学术型高等教育机构的竞争中较接近市场,并从与市场的互动中获得了新的发展空间的、实现了组织转型的高等教育机构不同。现在的创业型大学概念的外延要广得多,许多高水平的研究型大学或者其中的部分机构,都具有并表现出了明显的早期创业型大学所拥有的特征,并且因为其较高的学术水平和与生俱来的巨大市场效应,它们热衷于创业的热情远高于早期的创业型大学。至于处于学术水平体系中间的大多数普通的高等教育机构,也已经在被市场绑架的社会场域中接纳了如何以一种创业者的姿态,在各个方面与市场、政府、学生等众多类型的利益相关者打交道,在保持学术世界的交往与发展规则的同时,也掌握了市场领域的交往规则。

从个别机构的出现到现在整个高等教育系统充满了创业精神,创业型大学的简短历史可以这么来叙述:20 世纪中后期,当市场的因素渗透到高等教育系统时,一些处在学术体系底层的高等教育机构(既有新创立的高等教育机构,也有在长期的学术荣誉竞争中处在边缘位置的旧高等教育机构),汇聚着错综复杂的目光,作为学术型大学的对立面以创业型大学的形象出现。创业型大学是一种象征,人们期待着从创业型大学身上检验市场与学术对话的结果,创业型大学是高等教育系统新功能的实验田,在承担着学术世界被金钱所腐蚀的骂名的同时也寄托着某种期待。现在,市场与学术已对话了几十年,日益复杂的高等教育系统早已不再借助"创业"这个极易引起争议的词语,来实现其希望从市场中获得的利益。创业已经作为时代的属性渗透到了所有社会组织中,审视创业型大学的语境已经变了,创业型大学当初带给人们的刺激,也因为其对立面的消失而减退。

对于处在世界高等教育体系底层并极力向上攀登过程中的发展中国家的高等教育系统来说,创业型大学在更多的时候是一个发生在域外的景象,与己无关。虽然伯顿·克拉克后来也在发展中国家中发现了创业型大学的案例,但这多少已经有用创业型大学的模式与概念去套高等教育发展事实的嫌疑了。因为许多发展中国家的国情决定了其高等教育机构的特殊性,不可能新建或者照搬发生在发达国家的经验,甚至一些国家还没有形成真正意义上的学术性的高等教育机构,也没有形成市场经济,在这样的条件下,很难说有创业型大学的存在。要知道,最初出现在北欧一些国家的创业型大学,是作为与市场保持距离以保证其传统组织属性的学术型大学的对立面而出现的。在没有这个对立面的国家里,很难找到创业型大学存在的合法性基础,就算有类似的高等教育机构,在一些第三世界国家里,人们会给予这些大学任何一种称谓,也不会称之为"创业型大学"。这种困境正是我们研究创业型大学的难处所在。对于发达国家来说,创业型大学既是高等教育系统创新的形式,也是高等教育变革的实际内容。对于发展中国家来说,学术型大学都是需要努力去创建与实现的目标,何来以学术型大学为对立面的创业型大学?域外创业型大学的成功经验与失败教训对我们究竟有何意义?更何况几十年来创业型大学的外延与内涵一直都在变化中。在某种程度上,我们研究创业型大学,不是仅仅因为创业型大学的形式与内容,而是想探索创业型大学背后所反映的高等教育系统的学术话语体系与市场话语体系之间的对话及其社会机制。因为对于发展中国家的高等教育系统来说,这些才是具有意义与价值的课题。

"他山之石,可以攻玉",创业型大学在西方的兴起与发展反映了高等教育系统在一个特定的发展时期里学术、市场、政府三者间权力模式的变迁。在世界高等教育系统发生剧变的这个年代，中国的高等教育系统也正处在面向市场办学的革命性历史时期。学术精神尚未恢复元气，市场的冲击已经迎面而来，每所从体制束缚中解放出来的高等教育机构都面临着创业的历史使命，都背负着学术自由、发展经济与组织变革的多重使命。特别是在体制外的广阔天地里建立起来的民办高等教育机构，更是一些与市场生存紧密联系的创业机构。只是，与欧美的创业型大学有一个对立面作为比较的对象不同，我国的高等教育机构所表现出来的各种创业行为，不存在对立面，也不是对纯学术传统的反抗，而是从政治主义转向经济主义的过程中必然要学会的生存本领。

也正是在这个意义上，当我们以一种比较眼光看待发生在异域高等教育系统中的创业型大学及其背后的社会机制时，可以得出一些对所有的高等教育机构都具有启示意义的经验。

第一章　社会变革与创业型大学的兴起

　　任何一个社会组织的出现都有特定的社会背景,高等教育机构也不例外,从最初的中世纪大学到现代的虚拟大学,都是如此。特定的社会环境为新型社会组织的诞生提供了外部条件,而某种特定的社会需要或者组织变革的需求则直接成为新型社会组织嵌入旧有组织体系与社会环境中的内在需求。作为一种新型高等教育机构,创业型大学的出现也有其特殊的外在社会条件与高等教育系统变革的内在动因。尤其是20世纪中期以后,新自由主义作为一种带有普适性力量的经济学理论与意识形态影响到欧美发达国家公共事业管理的理念与模式之后,许多国家的高等教育系统管理规则也开始倾向于导入市场因素。传统的高等教育系统与社会互动模式发生了变革,旧的互动模式正逐渐消失在人们的视野,新的互动模式正日益清晰。从高等教育的历史来看,20世纪中后期开始的高等教育与社会互动模式的变革并不是突然出现的。外部经济和政治环境的变化与诱导,加上在高等教育内部早就潜伏着的接纳市场因素的变革动机——这种动机在长久以来的学术传统与国家对高等教育公益性强调的情境中无法获得表达的机会,创业型大学的兴起也就符合高等教育发展的内在逻辑并拥有了相应的合法性基础。

一、历史视野中的高等教育组织变革

　　现代高等教育组织因其独特的社会功能和复杂的组织结构,不仅是教育研究的重要对象,也是社会学等相关学科研究的重要领域。因其承担了社会大多数深奥知识的传播与创新任务,也承担了高级人才的培养任务,高等教育组织一直以来是教会、政党与国家极力想控制的对象。但因其学术自由与学术自治的悠久与光荣传统的强大力量,高等教育机构,尤其是那些有着悠久的历史以及享有盛誉的大师与天才学生的著名大学,往往会拥有一些其他教育组织所难以获得的特权。这些特权保证了大学这一类教育机构不受外界政治斗争与意识形态倾轧的影响,致力人类未知领域的独立探索,公正地发表看法,以引导民众与社会向正确的方向前进。正是因为社会赋予高等教育这个独特的使命,一直以来,高等教育机构的组织属性有别于其他类型的教育组织,更是迥异于企业与政府机构等社会组织。但是,这种特殊性并不是一成不变的,在社会发展的大背景下,高等教育机构经历着持续的变革,大学的外在形象与内在精神都无时无刻不在发生变化,今日的大学校园不同于往昔,今日的大学理想也不再是约翰·亨利·纽曼(John Henry Newman)在几个世纪前所宣讲的模样了。

如果将当代的巨型大学与中世纪的大学相比,已经很难找到多少共同点了。这几百年间,大学无论是在组织数量与规模上,还是在组织性质与功能上,都已经发生了翻天覆地的变化。要知道,与中世纪意大利半岛上那几所朴素的"大学"和纽曼理想中的以教学为唯一任务的大学相比,今天的大学不仅仅是阿什比所言的科技发达时代的大学,也是阿尔特巴赫阐述的充满着政治与意识形态斗争的场所,更是每个国家的政府都认可的保证国家竞争力的中枢机构,是社会发展的动力站。在这个发展过程中,高等教育机构历经数次典型的组织变革才形成今天复杂的组织结构和组织系统。

高等教育在人类的文明史上早就存在,如古希腊的学园、中国古代的太学等机构实施的教学活动,在内涵上都属于"高等教育"。而现代大学的源头可以追溯到12世纪时期,从词源上看,"大学"是拉丁文单词 universitas 意思的翻译,专指 12世纪末意大利等国出现的一种萌芽时期的高等教育机构。从组织结构上看,这种早期的"大学组织",已经形成了区别于教会学校的特征。比如,已经开始有了现代大学里所谓的"学部"(faculty)和"学院"(college)。早期的这些中世纪大学已经开设了相当多门类的课程,且有正式的考试,教学人员数量相对稳定,并颁发沿用至今的毕业文凭或学位证书。当然,最初的博洛尼亚大学和萨来诺大学等,组织规模都很小,而且它们作为一种高等教育机构,其存在的合法性还需要获得教皇或者王室的许可。在某种程度上,中世纪大学的学生的国际性与教育的宗教性不足以成为大学区别于其他社会组织的本质性特征。除了知识的深奥性与其他教育机构有着明显的差别,以及没有固定的地产,凭迁移与流动性来获得所在城市的优惠待遇,这些在今天的大学里难以想象的特征之外,很难再找到将中世纪的大学区别于其他教育机构的本质性特征了。其根本的组织特性在于它是一种以传播知识为主要功能的高等教育机构,不管是以学生为中心的博洛尼亚大学还是以教师为中心的巴黎大学,其核心任务都在于教学。但中世纪大学的模式很快就难以适应社会对这类独特的教育机构的要求了,当高等教育发展的重心从亚平宁半岛的海边城市转移到欧洲平原的大城市,工业经济的发展、社会对科学研究的依赖与推动使得自然科学知识的教学研究成为宗教、医学、哲学与法律之外另一个重要的大学知识体系时,以柏林大学为代表的新一代高等教育机构取代了之前中世纪大学的地位。如果说此前的高等教育机构的主要功能是教学,是传播知识,其组织性质更多的是教学机构的话,那么,当柏林大学将科学研究作为一项新的功能融入高等教育机构时,高等教育机构开始了第一次的组织变革。从那时开始,大学不仅仅是教学机构,还是一个科研组织。而当大学来到美洲,当美国人将"威斯康星理念"作为新一代大学效仿(崇尚)的重要价值导向之后,高等教育机构的第二次组织变革开始了,这次是将服务社会的功能融入原来的教学与科研两大功能体系之中。至此,各类高等教育机构,都将教学、科研与服务社会作为自己的组织功能,其组织结构也相应地根据这三大功能加以改革,形成了复杂的内在组织结构。

至于创业型大学,它的出现可以被称为是高等教育组织最近、最有影响力的一次组织变革了,虽然很难以某一所大学来作为标志,创业型大学的出现仍然可以说是继柏林大学与威斯康星大学之后的第三次组织变革。众所周知,为了应对经济危机,在高等教育财政紧缩政策以及高等教育资源配置市场导向下,在大学间日趋激烈的残酷生存压力下,欧美部分在获取资源方面处于不利地位的大学,通过一系列的组织转型和变革,使自己脱离了传统大学的组织形象,将商业领域中的创业精神融入学术文化中,并创造出了一种新的大学模式。这是继将科研与服务社会功能融入高等教育机构之后的另一次大胆尝试。

如果非要找出一所大学来说明这次组织变革及其革命性,在诸多文献中反复被提及的斯坦福大学无疑是一个典型。斯坦福大学将传统大学的教学、科研、服务社会的功能与直接促进经济发展的新使命结合起来，并且使得大学的组织形态从传统意义上的培养人才和进行科研活动的机构向一个直接将知识与科研成果转化为生产力与经济效益的"创业型"机构转变。此外，伯顿·克拉克通过研究认为英国的沃里克大学和斯特拉斯克莱德大学、荷兰的特文特大学、瑞典的恰尔默斯技术大学、芬兰的约恩苏大学等都是创业型大学的典型代表。自20世纪60年代以来，这些大学就开始了此前的大学没有尝试过的"创业"行为，将自己的组织使命从教学、科研与服务社会加以市场化的转化，在市场竞争中通过向商业组织学习的方式，使自己的组织性质实现了变革，获得了更好的发展空间与资源。创业型大学的出现是高等教育组织变革在知识经济时代知识商品化的必然体现，是"知本"变资本的要求。在这次变革之后，大学、产业与政府三者以知识经济发展共同利益为纽带而连接在一起，形成了所谓的三股力量相互交叉影响、螺旋上升的"三重螺旋"，高等教育机构生存与发展的社会背景变了。正如亨利·埃兹科维茨所言，继高等教育机构在教学任务之外增加了科学研究功能的第一次学术革命之后，在教学与科学研究之外又增加了创业功能，这是高等教育系统中的第二次学术革命。第二次学术革命从高等教育组织变革的角度来看，在历史上是第三次，而每次高等教育的组织变革都有其特定的社会条件与合法性。第二次学术革命为高等教育组织的变革奠定了合乎内在逻辑的合法性基础——创业型大学的兴起并不是高等教育系统内在精神堕落的象征，而是高等教育系统内在精神丰富、多元化的象征。

二、创业型大学兴起的内在逻辑

从高等教育的发展史中我们可以发现，每次新型高等教育机构、新型大学的出现总是与社会开始对高等教育有了某种新的要求有关。而原有的高等教育系统为了更好满足这种要求，要么允许社会建立一种以前从来没有过的新型高等教育机构来承担新的功能；要么在系统内部，在原来的大学、其他高等教育机构内部增加某个部门，或者进行机构调整，增加已有功能以外的功能，以实现满足社会新需要的目的。创业型大学兴起于欧美,亚洲等地区的高等教育机构也紧随着欧美的步伐将创业行为纳入其组织行为中。从这些社会文化背景迥异但又表现出某些共同点的"创业型大学"的案例中,我们可以发现创业型大学的内在社会逻辑并没有超越高等教育系统与社会互动的传统模式与范围。

在欧洲,20世纪60年代成立的英国沃里克大学,建校20多年后,为走出发展困境,进行了特殊的创新。这些创新被世界各国提炼为创业型大学的发展战略和经验。随后,很多欧洲大学步其后尘,逐渐形成一股高校的创业热潮。欧洲大陆涌现出了一批创业型大学,典型的代表有英国的沃里克大学和斯特拉斯克莱德大学、荷兰的特文特大学、瑞典的恰尔默斯技术学院、芬兰的约恩苏大学等。为了共同分享并进一步巩固、强化这些新兴大学作为成功的"创业型机构"的特征,它们在1997年11月正式成立了一个欧洲范围内的国际性组织网络——欧洲创新性大学联盟(European Consortium of Innovative Universities,ECIU)①。

在美国,1951年斯坦福大学特曼教授创建的"斯坦福研究园区",是以斯坦福大学为中心,集研究、开发、生产、销售于一体的工业园。随后斯坦福大学的创业风气日浓,有了硅谷的雏形。之后的20世纪70年代,以美国与欧洲的诸多世界一流大学为代表,经过一系列的组织转型和内部变革而建设创业型大学,创业型大学日益增多。尤其是美国的研究型大学的"创业"举措促使大学在创业人才培养方面取得了举世瞩目的成就,如依靠麻省理工学院和哈佛大学建立起波士顿的"128公路",以北卡罗来纳大学、北卡罗来纳州立大学、杜克大学为力量发展起来的北卡罗来纳"科研三角园",等等。

在亚洲,20世纪80年代后期,新加坡如南洋理工大学等学校也开始通过对国际、国内形势的判断以及与欧美新兴大学的交流,逐渐梳理自己的发展思路,形成创业型大学的发展理念,以应对挑战,实现大学的快速发展。与欧洲大学相同的是,南洋理工大学通过引入创业型大学理念,快速摆脱困境,短期内跻身于亚太地区一流大学的行列。2004年英国《泰晤士报(高教副刊)》通过调查对世界大学进

① 陈伟,韩孟秋.欧洲创业型大学的组织转型及其启示[J].理工高教研究,2003(2):5-7.

行排名,南洋理工大学位列前 50 名①。

虽然创业型大学历史较短,还很难断定它们的前景,但从成功的案例来看,与以往的任何一种新型大学一样,创业型大学的出现也有其符合高等教育发展规律的内在社会逻辑。

第一,创业型大学的兴起是高等教育系统发展的内在需求,是高等教育系统组织变革的必然反映。"创业型大学在世界各个文化背景差异悬殊的高等教育系统中都呈现积极的发展趋势,这虽然会给一些保守的人士带来紧张感,但也说明了这种类型大学在未来的美好前景和它们的生存之道是成功的。正如哲学家所言的'存在即合理',创业型大学的存在也是合理的。它是高等教育系统应对复杂社会要求的正常手段以及为了达到这个目标而作出的正确的组织变革。"②确实,世界高等教育的发展在 20 世纪中后期以来经历了快速的发展,这半个世纪发生的变化远远超出了前面数百年变化的总和,影响也远超以往。世界各国的高等教育的发展态势在这个时期呈现出多样化与个性化的共同趋势,而且多样化和个性化是互为前提的。多样化是指高等教育系统承担的功能越来越多,需要不同类型与功能的高等教育机构存在。若所有高等教育机构都一模一样,功能也一模一样,这是背离时代要求的。多样化的同时,要求高等教育机构有自身的个性特征,以实现功能的多元化。在高等教育系统和社会在功能与需求之间的互动存在良好模式的情况下,高等教育系统没有变革的动力,各类高等教育机构也按部就班地完成各自的任务。但 20 世纪后半叶以来,随着社会向后工业社会、信息化社会的转型,承担着传统功能满足着传统社会需求的高等教育系统就有了变革的外在压力与内在推动力。社会要求高等教育系统有这么一种特殊的高等教育机构,可以灵活快速地应对社会经济发展与技术创新的需要,且没有太多传统大学的学术原则的牵制。这样的高等教育机构在高等教育系统内部原本不存在,只有通过组织变革与组织创新才有可能满足社会的这个要求。于是,创业型大学出现了。"创业型大学是高等

① 燕凌,洪成.新加坡南洋理工大学的成功崛起:"创业型大学"战略的实施[J].高等教育研究,2007(2):97-102.

② Kitagawa F. Entrepreneurial universities and the development of regional societies:A spatial view of the Europe of knowledge[J]. Higher Education Management and Policy,2005,17(3):65-89.

教育系统应对社会转型滞后的结果,但它却具有其他高等教育机构所不具有的特点。它与传统大学不一样,它不依赖于政府的投资,实现了财政独立。因而这些新的大学有资本发出与众不同的声音,它们可以通过将自身生产出来的知识转化为现实利益的渠道来实现对政府与学术传统的牵制。与企业精神的结合是不二的选择,这种结合可以提高大学的独立生存能力和竞争意识,也可以将大学生产出来的知识和技术快速有效地转换为现实的生产力,缩短知识和技术的循环时间,激发新知识的产生。这极好地满足了知识经济时代社会经济发展对高等教育机构的想象。"①

第二,创业型大学的兴起有其充分的政治、经济等社会合法性基础。20 世纪后半叶,高等教育赖以生存的社会政治经济环境发生了剧变。尤其在经济危机横扫主要资本主义国家的背景下,新自由主义在欧洲成为各国经济改革政策的主流理论,政治上的右倾与经济上强调市场对高等教育的影响巨大。以英国撒切尔夫人执政时的一系列削减高等教育经费的政策为典型,各国的高等教育系统都面临着前所未有的困境,组织变革的外部环境压力非常残酷。尤其是那些在传统的经费获取方式中处于边缘地位的"低水平"大学和新大学,更是感受到了高等教育发展的冬天的到来。一方面,政府在教育经费上对高等教育机构实施了相对紧缩的财政政策,迫使大学产生了财政压力和生存危机,大学不得不寻求新的生存之道,这是事实;可在另一方面,政府又在政策上给予了大学自己开辟途径获取经费的法律法规空间。在某种意义上,正是这种政策造成的压力与给予高等教育机构自己获取经费的合法性许可,使得高等教育机构中的一部分开始尝试自己承担起运营与管理的所有职责,并学习像企业一样经营而不是在学术声誉上竭尽全力。"在欧洲的一些国家,高等教育财政危机前所未有。除了那些凭借着优良的学术声誉与历史荣誉就可以轻松地从政府那里继续得到足够的经费支持,或者从社会精英校友与民间组织获得大额赞助的顶级大学之外,许多高等教育机构开始进入经费短缺时期。幸好,政府在关闭了一扇门的时候,打开了另一个窗。政府开始允许大学

---

① Subotzk, G. Alternatives to the entrepreneurial university: New models of knowledge production in community service programs[J]. Higher Education,1999,38:401-440.

向学生收取高额的学费,也可以转让科研成果……还有其他政府想不到,但大学可以发现的收入渠道。"①在经济危机背景下的经费削减,以及新自由主义作为政府的执政理念,使得高等教育系统中必然有一些大学或其他类型的高等教育机构在与市场原则的结合中开始积极的尝试。这类被逼着去创业的高等教育机构,开始表现出与重基础研究、重学术研究的高等教育机构不同的特点,它们更看重收益多且快的知识技术的教学与开发,着眼于市场效益。在以往,这种行为、这种机构必然为高等教育系统所不齿,但在特定的时空条件下,创业型大学的产生恰恰是建立在充分的社会政治经济的合法性基础之上的。

第三,创业型大学是知识转型背景下高等教育机构的组织嬗变的必然结果。大学作为特殊的教育机构,所拥有的社会功能在很大程度上与其拥有的深奥知识紧密相关。而 20 世纪中后期以来,进入了一个知识转型影响教育变革的时代。创业型大学出现的内在逻辑,与知识转型带来的对教育各个方面的影响有着直接的联系。在工业社会跨向信息社会的进程中,知识的传播从以"原子"为基础向以"比特"为基础的全新方式转变,知识本身也由于这种新的传播方式所具有的巨大力量而成为整个社会发展的基础与核心,更为重要的是知识成为极具市场价值的商品。"知识本来只有符合并满足好奇心的功能。但在知识社会中,知识不仅成为推动社会进步的要素,还成为可以满足人们物质欲望的商品,而与其他所有社会机构相比,大学正拥有最多的这类知识。尤其是深奥的知识,以前只是极少的一部分人满足学术追求的对象,现在还可以同时成为知识产权,在市场上进行销售。"②如果说以往的大学存在的基础——知识是一种智力活动的对象与结果的话,那么在知识经济时代,它还是商业活动的对象与结果,并且拥有了法律的保护。"知识性质的转变必然会动摇原有教育的知识基础,引发建立于其上的原有教育观念、制度和活

① Ranga L M, Debackere K, von Tunzelmann N. Entrepreneurial universities and the dynamics of academic knowledge production: A case study of basic vs applied research in Belgium[J]. Scientometrics, 2003, 58(2):301-320.

② Duke C. The morning after the millennium: Building the long-haul learning university[J]. International Journal of Lifelong Education, 2002, 21(1): 24-36.

动的危机,从而推动一定时期的教育改革。"①对于高等教育系统而言,情况也是一样。知识性质的转变,尤其是知识的商品属性的增加,必然使得传播与追求深奥知识的高等教育机构存在的目的、管理的方式、学术职业的性质等都发生变化。现在高等教育所生存的社会已经是一个以知识经济为主导的时代,知识的存在形式也处在不停的变化中,以往大学创造与发现知识,但不分享知识的市场价值的组织形式已经不能适应新的知识传播的需求。创业型大学正是因这种变革的需要而出现的,是高等教育机构组织嬗变的结果。

创业型大学产生的结果必然是双赢的,既满足了高等教育系统实现功能多元化以应对社会发展的要求,也极大地推进了以科学技术为根本推动力的所谓新经济的发展。世界各国的产业科学园区,都是以创业型大学的高水平技术为依托,许多企业也依赖于高校的人力资本提升科研能力,增强其市场竞争力。从高等教育的长远发展来看,创业型大学既是高等教育机构将自身富有价值的产品推销出去的有效途径,更是高校自身发展的有效途径。创业型大学由于自身与市场的良好关系,使得它与政府之间的关系发生了变化,在某种意义上,创业型大学更自由了,虽然这种自由是从政治与意识形态的束缚转向市场原则的束缚。并且,获得这种自由的创业型大学,对经济发展的触觉很敏锐,能较好地完成知识创造、知识传播、科技发展与服务的任务,这也在某种速度上加固了其存在的合法性基础。

三、创业型大学兴起的独特社会背景

创业型大学的出现,与历史上其他"新大学"的出现一样,有着同样的内在逻辑,只是具体的社会背景不一样而已。就如同随着网络技术的发展必然会出现"虚拟大学"和随着全球化进程的加快必然会出现"无边界"高等教育机构一样,在市场成为人类整个社会发展的大背景前提下,必然会出现如公司般经营组织的创业型大学。"以经济利益为根本驱动力量的全球化将对高等教育产生重大影响:随着各种教育活动可支配资金的减少,科技和科学研究领域与市场的联系,尤其是与国际

---

① 石中英.知识转型与教育改革[M].北京.教育科学出版社,2001:160.

市场的联系将更为密切。"①在市场原则成为具有意识形态力量的社会背景下,学术与市场已经结合,大学已自觉不自觉地成为社会的"服务站"。"'象牙塔'内与'象牙塔'外的界限越来越淡漠,甚至泯灭了。"②在这个过程中,新自由主义的意识形态化对高等教育政策的影响,与知识经济时代中的知识商品化构成了创业型大学崛起的外在社会条件,而学术资本主义与大学对"市场化生存"条件下学术自由的想象构成了创业型大学发展的内在动力。

首先,作为意识形态的新自由主义直接对高等教育政策产生了影响,其中最为明显的是,市场化倾向的高等教育政策造成了公共教育经费的短缺。这也成了许多高等教育机构向创业型大学转型的直接诱因。由于新自由主义作为一种政治理念在整个欧洲与北美的胜利,今天的高等教育机构不仅要承受巨大的社会责任的要求,它们更发现自己正处在一个市场导向的社会与经济环境中,而且这种市场导向的社会与经济环境正跨出国家的界线走向全球范围。大多数高等教育机构在这样的环境中必须面对积极吸引生源的任务,因为高等教育的卖方市场已经不再牢固,学生作为顾客有一个较大挑选余地的空间,而这种情况在高等教育的历史上是从来不曾出现过的。从公共经费的角度来说,在短时间内国家的公共教育经费是有限的,无论是在发达国家还是在发展中国家,高等教育阶段的经费主要还是依赖于政府,当高等教育机构大量增加时,它们必然都面临着公共高等教育经费短缺的问题。高等教育大众化与政府资金投入不足的矛盾,已经成为世界性的问题。在新自由主义的影响下,面对公共教育经费的影响,发达国家的做法是通过市场化来吸引部分资金。"大学面对这样的情况,开始运用丰富的策略来寻求民间资本的支持,比如将大学的咨询与研究结果加以销售,大量提供短期的收费课程。此外,海外的自费留学生也成为大学的主要吸引对象,在一种政府刻意创造的气氛中,大多数大学发现教育服务的输出是克服公共教育经费减少的有效办法。"③

---

①　Slaughter S. National Higher Education Policies in a Global Economy[C]// Universities and Globalization: Critical Perspectives. California: Sage,1998:46-47.

②　金耀基.大学之理念[M].北京:生活·读书·新知三联书店,2008.

③　Taylor S, Rizvi F, Lingard B,et al. Educational Policy and the Politics of Change[M]. New York: Routledge, 1997:90-91.

　　这种政策的变化直接体现在大学的社会地位发生了变化,大学不再是由国家提供所有费用的自足的研究机构与教学服务单位,现在大学与各种各样的客户之间形成一个知识服务的市场。知识不再是可以免费获得的,它需要付费才能享用,并且是有期限与使用范围的;知识产权也使得大学里的教授们从事的研究活动由纯粹的兴趣与好奇心驱动变成了由潜在的市场价值驱动。①

　　从 20 世纪中后期开始,新自由主义作为意识形态,具有全球的统一性。新自由主义对高等教育影响表现为政府对各种类型高等教育机构的直接政治要求。政府可以通过"胡萝卜"给大学以发展的保障,同时又可以通过"大棒"来维护大学对官方意识形态的作用。在某种意义上,作为意识形态的新自由主义是创新型大学崛起的前提条件。正是新自由主义,使得政府原本非常慷慨地对大学实施的各种途径的资助,尤其是教育经费的预算,现在开始按市场的原则来划拨经费了,这直接促使高等教育机构实施各种"创业"行为以保证自己的发展。

　　其次,知识经济时代的知识商品化也是创业型大学创业之所以可能的必要条件。"高等教育日益被视为一种可以像其他任何商品一样买卖的商业性产品。高等教育商业化已经进入全球市场。世界贸易组织正在考虑一系列建议,以把高等教育作为其一项关注点,确保高等教育的进出口符合 WTO 协定的复杂规定和法律安排,并且不受大多数限制所限。"②虽然高等教育系统的保守性成分并不欢迎市场力量对其内部学术规则与学术自主的侵蚀,但是市场力量对高等教育的驱动却是不可避免的。在知识成为全球流通产品的条件下,现在不是高等教育如何对抗市场力量的问题,而是如何在市场的坐标上找到高等教育发展新方向的问题;不是知识如何更好地被发现,而是如何更好地发现其市场价值的问题。"社会情境决定了高等教育传播的知识不再是完整的公益性服务,而是极具价值的知识产权。并且,这类知识被期望更具产业功能,以使经济更具竞争力与创新性,使每个人都

---

① Jarvis P. University and Corporate University: The higher learning industry in global society[M]. London: Kogan Page Limited, 2001: 3.

② 阿特巴赫. 全球化驱动下的高等教育与 WTO[EB/OL]. 蒋凯,译. http://www.edu.cn/m976070005/documents/d.

得到更好的教育以获得工作,但同时,知识的提供方式却只能是有偿使用。"①高等教育机构存在的合法性前提已经发生了变化,创业型大学因为知识的有偿性可以使这种变化转变为积极的变革。

如前所述,创业型大学是高等教育机构在承担研究任务之后的再次组织转型。这种转型离不开知识的商品化,只有知识具有市场价值且可以在市场上出售,围绕着知识进行的教学与研究活动才有真正的市场价值。事实上,一旦知识经济确立了知识不仅仅是推动经济发展的动力,知识自身更具有巨大的市场价值时,几乎没有哪个高等教育机构可以抗拒这种诱惑。虽然通过自身的创业行为能够开辟传统的教学、科研与服务社会之外的新收入渠道,但创业型大学的生存与发展仍然在很大程度上取决于政府的态度。不过,与以往主要依赖政府的公共经费不同,创业型大学的收入渠道多元化。知识商品化是创业型大学存在的前提条件,创业型大学则是大学生存变革的一次旅程,且不仅仅是存留在蓝图设计上,在创业型大学没有真正被实践证明时,任何人也无法预知在这个航行过程中会出现什么样的景致。创业型大学出现并得到发展,证明了市场与学术的联合是市场经济、知识经济背景下高等教育机构自身发展的一种新方式,也是增强高等教育机构自身生命活力的有力手段。由于知识的商品属性得以确认,创业型大学在经济上获得一定的自主权后,必然在学术研究上拥有自己独立的发言权,虽然可能丧失了传统的好奇心驱动,但可以更好地摆脱意识形态的约束,不再只是一个传声筒。与受政府资助时相比,创业型大学的研究与创新活动受到市场利益的影响,往往是在没有政治压力、诱惑和逼迫的情况下进行的。知识的市场价值解除了创业型大学对公共经费的过度依赖;而对教育经费的相对不依赖,保证了创业型大学的运行。除却了生存的危机,创业型大学也就较能够保持自身独特的品格。这也是创业型大学宁愿拥抱市场也不愿拥抱意识形态的原因。

高校与企业的联手促进了高校知识生产的具体化,也激发了高校科研人员对

---

① The Market Driven Future[EB/OL]. http://www.nea.org/he,2000-07-12.

新知识的研发动机。高校和企业在交相过程中,可以用对方的眼光来解释自身的现象,也可以习得新的制度和理念等用于自身的建设。我们可以看到,企业的很多管理经验已渗透到大学的运行和管理,为大学的发展提供了可借鉴的模式,大学完全可以把一些企业管理的经验拿来为我所用,丰富自身的理论和验证新实践的可行性。社会经济是社会生活的风向标,企业是组成这个风向标的一部分,高校与企业的完美结合,非常有利于高校把握市场的脉搏和社会的征兆。因此,两者的有机互动,不仅帮助高校拓展了与社会的接触,而且对于高校自身更是一次生命力的注入,让高校更具社会活力。

最后,也是最关键的,学术资本主义作为一种内在的文化构成了创业型大学的组织属性。"学术资本主义指高等教育机构和专业教师们的市场行为或者为了获得外部金钱的类似市场行为的努力。"①"学术资本主义"不仅仅是"学术"与"资本主义"两个单词意义的简单相加,由于学术文化强调研究的独立与自由的特质,与资本主义文化追逐利润的本质有着巨大差别,两者本来是很难有机会联系在一起的。因此,当学术与资本主义这两个分别代表了不同领域话语体系与价值规则的符号联系在一起时,这个词语除却它本身所具有的意义之外,还具有一种象征意义:它颠覆了高等教育的传统形象,预示着人们可以开始用市场话语来解释学术现象,为高等教育系统确立了知识的市场逻辑。当人们开始使用"学术资本主义"这个词来描述和解释高等教育系统中发生的各种现象时,创业型大学已经具备了足够的合法性基础。学术资本主义的出现及其所喻示的象征意义,表明高等教育出现了一个崭新的生存环境,这个环境中的种种迹象都验证了经济领域的符号与价值体系同高等教育独有的学术价值及其符号体系的冲突与共谋。这直接宣告了创业型大学已经走出了象牙之塔,在竞争激烈的市场中生存与发展,不再耻于谈论利益与价格,而是努力提供优质的知识与产品服务。不仅仅是创业型大学将学术资本主义作为其内在组织属性,学术资本主义也正在成为越来越多的高等教育机构的行为取向。对传统的大学来说,学术资本主义可以使组织的适应能力更强。对

---

① Slaughter S, Leslie L L. Academic Capitalism:Politics, policies, and the entrepreneurial university [M]. Maryland:Hopkins University Press,1997:173.

许多高等教育机构来说,在市场竞争中生存与发展是一个崭新的挑战,而这个"新世界"的生存规则对高等教育机构自身的发展极为有利。"尤其是对于那些在传统学术评价体系中处于较低水平的新大学(new university)来说,为了获得更多的资源,它们更有动机表现出市场行为或类市场行为。新大学中没有太多传统,力量并不强大的学术力量也更少表现出对市场的抵制,更乐意接纳学术资本主义。"①创业型大学正是这样一种"新"的高等教育机构,它们以学术资本主义作为自己的组织属性。"在以学术资本主义为内在动力的创业型大学中,源自企业等组织的创业精神已经成为一种学生、教师乃至于政府都要求大学拥有的新的精神气质,这种气质不仅仅是对大学传统保守与落后于时代形象改变的心理需求,也是大学发挥更好社会功能的实质性要求。"②

在这样的外部条件与内在组织属性变革的相互作用之下,创业型大学的兴起自然顺理成章了。但是,创业型大学兴起的意义不在于其本身,还在于其独特性对高等教育系统这个独特场域带来的革命象征。

四、创业型大学:高等教育场域的革命

创业型大学的存在已经是一个不争的事实。现在,对于高等教育理论界来说,关键的问题不是去界定某所大学是不是可以归属于创业型大学,而是如何判断在市场成为舞台背景之后,还有哪些大学可以与创业、创业精神、学术创业精神(academic entrepreneurship)等无关。借用法国著名社会学家皮埃尔·布尔迪厄的术语"场域"与"惯习"来说明,可以清楚地看到,市场经济、商业化社会大背景下的高等教育场域正在形成一些独特的现象与事件,创业型大学是高等教育机构自身组织转型的实践,也是社会与高等教育系统之间共谋的产物。如果将创业型大学特有的经营理念和组织属性与高等教育系统中原有组织加以比较并探讨其影响的话,创业型大学的出现与创业精神在高等教育系统中的普及无疑象征了高等教育

---

① Larry H. Academic capitalism in the new university[J]. Radical Teacher,2005,72:13-17.
② 温正胞,杜芳芳.学术资本主义:创业型大学的组织属性[J]. 教育发展研究,2009(5):28-33.

场域的一场革命,它的兴起刺激到高等教育系统的惯习。正如当年柏林大学或者威斯康星大学象征高等教育场域的革命一样,只是这次创业型大学的革命,是将原属于高等教育极力排斥的他者——市场的惯习带到了学术场域,并确立起了其合法性基础,这与柏林大学、威斯康星大学将科研与服务社会融入"象牙塔"的意义是完全不一样的。毕竟,市场在很多时候是被视为学术的对立面而存在的,而科研与服务社会则较容易与崇高的目标、公益性联系在一起,较易融入"象牙塔"与学术系统。

布尔迪厄在使用"场域"与"惯习"这对术语时,是想建立一种实践理论,用来分析特定的群体或个人实践的机制。布尔迪厄在其众多著作中一直坚持一个信念,这个信念源自科学史上的"杜昂—蒯因"假设。其大致意思是:证据所挑战的,并非某个特定的概念或命题,而是由这些概念或命题所构成的整个社会网络。创业型大学所挑战的,并非某个有关高等教育机构的特定概念或命题,而是整个高等教育系统内在的概念或命题体系。传统上,建立在学术自由与学术自治等基础价值观之上的高等教育系统就有其独特而稳定的惯习和场域,而这些惯习与场域,就组成了一个独特的关于高等教育机构的概念与命题的网络,它们相互说明,难以分割。"一个场域可以被定义为在各种位置之间存在的客观关系的网络或构型。正是在这些位置的存在和它们强加于占据特定位置的行动者或机构之上的决定因素中,这些位置得到了客观的界定,其依据是这些位置在不同类型的权力(或资本)——占有这些权力就意味着把持了在这一场域中利害攸关的专门利润的得益权——的分配结构中实际的和潜在的处境,以及它们与其他场域之间的客观关系(支配关系、屈从关系、结构上的对应关系,等等)。"[①]高等教育系统作为一种学术与高深知识的场域,各类不同学术水平的高等教育机构之间客观存在着一种特殊的网络关系。处在学术水平顶层的高等教育机构把持着各类资源及其分配规则,处于底层的高等教育机构则处于被支配的地位。在高等教育系统中,不同的高等教育机构在场域中所处的位置不同,所拥有的资本与权力也不同,这是某个高等教育机构在

---

① 布尔迪厄,华康德. 实践与反思[M].李猛,李康,译. 北京:中央编译出版社,1998:135.

整体高等教育学术系统中的内在性。

　　与"场域"相对应的"惯习"概念则主要突出这样的基本观念:个体的行动是由其关于在社会世界中如何运作的实践感控制的。这主要指惯习客观存在于个体身体上和心灵中,但反映了特定社会结构的特征。对特定的高等教育机构而言,"惯习"的概念指的是由于它在学术系统中所处的位置而表现出来的一种外在性的行为倾向。"它表示出了一种组织化行动的结果,带有近似结构之类的意思;它还指明了一种方式,一种习惯性状态,特别是一种倾向、脾性、资质或嗜好。作为外在性的内在化,惯习是在场域里社会位置上形成的,是对客观位置的主观调适。"①不同类型的高等教育机构,由于其场域中的位置差异,会表现出特定的行为实践模式。创业型大学显然拥有与其他类型的高等教育机构既相同又不一样的惯习。正如布尔迪厄在分析场域时,将其作为一个充满了旨在维护或者改变场域中的力量格局的斗争场所一样,高等教育场域中的不同类型高等教育机构,因为它们拥有的学术资本与分配学术资本的差异,表现为一个个围绕着学术资本而进行的斗争场所。不同的高等教育机构由于其传统的学术位置与影响力,形成了可持续可转换的倾向系统,发挥、产生在组织实践与表述方面的作用。作为行动者,这些高等教育机构的实践与表述客观上能够与其相应的预期结果相适应。"行动者的策略取决于他们在场域中的位置,即在特定资本分配中的位置,也取决于他们对场域所持有的认知,而这种认知又取决于他们对场域所采取的观点,即他们从场域中的一点对场域所做的观察。"②

　　创业型大学的前身在场域中所处的位置,以及所具有的惯习显然是独特的。与一些研究型大学将自身轻松地转化为创业型大学不同,更多的创业型大学在原有的学术场域中因为特定的权力规则而无法享受到较多的资源,它们更倾向于打破原有学术场域中的话语规则,通过学术场域中不曾有的或处于边缘化位置的新规则——市场的规则来获得更的话语权与资源。显然在一个全新的场域里,创业

---

　　①　布尔迪厄.实践与反思——反思社会学导引[M]. 李猛,译. 北京:中央编译出版社,2004:229.
　　②　布尔迪厄.科学的社会用途——写给科学场的临床社会学[M]. 刘成富,张艳,译. 南京:南京大学出版社,2005:14.

型大学可以轻松地摆脱学术场域中传统话语规则对它们的限制,掌握话语与权力、资源分配的规则,实现地位与社会意义的提升。创业型大学不仅仅是对一类新型大学的命名,更是对学术场域中新的话语规则的神圣化。"如果这件事的操作者,能够通过他争取这种权力的言语而获得认可,那么努力使命名的事物成为现实的社会巫术,就有可能成功;这种争取权力的言语,通过挪用权力为自己服务,强加了一种关于社会世界的新的分类与看法,即划定界限,确定使裁决生效的规则,从而使一种新的界限神圣化。"①虽然"创业型"这个词看起来更适合表达某种特定类型的高等教育机构在新的学术场域中的"惯习"这个概念,但是显然也具有确定学术与市场融合"生效",增加对高等教育分类的作用。创业型大学首先表达的含义是一种组织化行为的结果,与结构的意义相近。而创业型大学特有的经营方式,是一种新的高等教育机构的存在方式,一种新的习惯性的状态与倾向系统。这种倾向系统一方面通过创业型大学特有的与社会互动方式——市场的方式来实现某种社会结构的内化,另一方面也通过指导那些在学术场域中处于类似位置或者拥有类似优势的机构再生产这种新的社会结构。

具体而言,与学术水平处于顶层的大学相比,处于学术场域边缘位置的创业型大学是高等教育系统在市场因素渗透到系统并影响到系统的分配规则之后,高等教育系统外部的社会结构性因素内化为具体的高等教育机构部分部门的一种客观机会——基本的社会存在条件,包括物质、社会、文化的条件,这些条件决定了对于特定的高等教育机构而言,在新的市场原则支配下的学术场域里什么是可能的,什么是不可能的。这种外部客观的结构性因素通过创业型大学的"创业实践"的社会化经验,内化为创业型大学不同于传统高等教育机构的相应倾向,正是这些倾向引导着一类高等教育机构进行创业实践,并成为创业型大学。

"高等教育组织、高深知识与学术场域存在着密不可分的动态关系。高等教育组织与高深知识是学术场域内在性的外在化,而学术场域则是高等教育组织与高

---

① 布尔迪厄.言语意味着什么——语言交换的经济[M].褚思真,刘晖,译.北京:商务印书馆,2005:115.

深知识外在性的内在化。"①在这个意义上,创业型大学打破了高等教育系统的学术场域建立在高深知识掌握与分配权力基础之上的惯习,打破了高等教育系统学术声誉再生产的传统,挑战了原有的学术资源分配规则,并建立了一个新的话语体系。创业型大学无疑是高等教育场域的革命性事物。

　　长期以来,高等教育系统是一个保守的场域,它形成的学术规则与学术资源分配惯习很难发生变化,学术水平处于顶层的大学垄断学术资源与优质生源。赢则通吃的学术场域原则与惯习倾向于"维持(不同学术水平的高等教育机构之间)间隔、距离、等级关系,并且在实践中(并非自觉地、有意识地)促进对构成社会秩序的差异体系进行再生产"②。这使得新型的大学很难获得较多的资源。因为学术场域中的惯习对个别的高等教育机构而言,客观上发挥着产生、组织实践与表述的作用,力量强大的惯习的倾向使高等教育机构偏向于选择根据它们的资源和过去的经验最可能成功的行为方式,它指导着高等教育机构在学术场域里什么能做,什么不能做,并在不同类型的高等教育机构之间设置了社会的区隔。

　　但创业型大学的革命性象征意义在于它跳出了学术场域的原有的身份区隔机制,顺应外部社会对传统学术场域适应不良的刺激,引入了新的资源与权力分配规则,将市场因素导入高等教育系统,从而直接改变了高等教育系统中不同高等教育机构所拥有的资本总量的变化。那些原来只拥有极少的学术资源,其他资源几乎一无所有的高等教育机构,通过将自己转向市场获得了较多的经济资本。在原有的资本竞争中,创业型大学增加了学术场域经济资本竞争的合法性,这对向来表面上排斥对经济利益的追求,或者将对经济资本的追求以隐蔽的方式进行的高等教育系统来说,无疑是极具革命性的。创业型大学设立的新游戏规则与开拓的新竞争场域,不仅会进一步影响创业型大学的内在组织属性与行动实践,更为关键的是,创业型大学启示了整个学术场域外部环境变革的背景下内在价值体系变革的方向。

---

　　① 周富强.高等教育组织与高深知识的环境:学术场域[J].三峡大学学报(人文社会科学版),2005(7):96-98.

　　② 布尔迪厄.国家精英——名牌大学与群体精神[M].杨亚平,译.北京:商务印书馆,2004:4.

第二章　创业型大学研究的现状与趋势

创业型大学自出现以来,就以其不同于传统大学的生存与发展模式引起了人们的关注。从欧洲一些新创立的大学在财政紧缩压力下实施创业尝试和麻省理工学院等研究型大学表现出创业型大学的特征,到一些以公司方式进行创业尝试的大学的出现,再到高等教育集团在股票市场的上市等现象,都可以看到西方高等教育领域近几十年的新动向。在最初的阶段,创业型大学所表现出的、所倡导的创业精神与创业意识还不足以引起高等教育系统的重视,高等教育系统也只是把大学的创业活动视为一种反学术传统意识,创业型大学的现象并没有引起理论界的重视,甚至一些高等教育理论研究者认为这些以企业模式运作的创业型大学只是高等教育系统的"渣滓",不值得研究。但自20世纪中叶以来,随着创业型大学数量的增加、规模的扩大、影响力的剧增,创业型大学对传统的大学无论是在理念上还是实际管理模式上都产生了巨大的冲击。创业型大学兴起背后的企业文化与创业精神对传统大学内部学术文化的改造也引起高等教育学术界的广泛关注,尤其是创业型大学中的学术资本主义和学术创业精神,作为新的学术术语,对于重新认识大学的功能与活动本质,极具象征和现实启发意义。自20世纪90年代末期以来,欧美高等教育机构在经费短缺的大背景下,集体表现出对创业精神的热忱,高等教育理论研究者对创业型大学的研究也就进入了一个相对发展的阶段。目前国内有关创业型大学的理论研究则处于起始的阶段,大多以翻译与介绍为主,虽然国内的一些大学也表现出了创业的倾向并以很大的热情进行创业活动,但从研究的进程来看,对创业型大学的内在机制与创业策略的研究还稍嫌滞后。

一、国外关于创业型大学及相关领域的研究现状

在欧美高等教育理论界,关于创业型大学的研究文献较为丰富,专著与权威杂志上的文章数量都呈不断增长的趋势,研究的内容也涉及创业型大学的各个方面。这既说明了他们在创业型大学这一领域的研究成果的丰富,也说明了对这一新兴领域的持续关注和日趋重视。

具有权威的早期创业型大学研究者当属伯顿·克拉克与亨利·埃兹科维茨,他们系统地研究了欧洲与美国的创业型大学问题。两人的研究视角各不相同,前者关注大学组织系统转变的角度研究,而后者则从大学与企业合作的角度进行研究,他们的研究成果奠定了创业型大学研究的基调与基本概念。

亨利·埃兹科维茨于 1995 年与他人合作出版的《大学与全球知识经济》中专门论述了大学的企业化问题,提出了创业型大学的概念:"经常得到政府政策鼓励的大学及其组成人员对从知识中收获资金的兴趣日益增强,这种兴趣和愿望又加速模糊了学术机构与公司的界限,公司这种组织对知识的兴趣总是与经济应用和回报紧密相连的。"[1]同时,他还认为"出现中的创业型大学接近培根式的所罗门神殿的理想,即为社会服务的、多目的的理论与实践的研究与开发机构。……大学作为进行这种研究的重要地点,正被引向与公司和政府更加密切的关系中"[2]。伯顿·克拉克于 1998 年出版的《建立创业型大学:组织上转型的途径》中第一次系统地分析了在欧洲高等教育系统中出现的市场导向的新型大学——创业型大学产生的背景,以及创业型大学适应社会的组织变化与途径。他认为具有企业精神并不是大学到现在才形成的,只是到 20 世纪 90 年代,这种创业精神在大学里表现得更为明显。"在传统的欧洲背景中,创业型大学是积极寻找摆脱政府严格管制和部门严格标准的方法的地方。它们寻找特殊的组织实体;它们积极地表现出与众不同,哪怕

---

① Etzkowitz H, Webster A. Universities and The Global Knowledge Economy[M]. New York: Routledge Press,1995:228.

② Etzkowitz H, Webster A. Universities and The Global Knowledge Economy[M]. New York: Routledge Press,1995:228,232.

这是一种冒险;它们在市场中寻找机会。它们有一种坚定的信念,与其按部就班单一地保持大学的传统形式与实践,还不如冒险进行一些具有大学特征的尝试性的变革。"①在伯顿·克拉克研究的五所大学中,各自创业的冒险之路大都是通过以下途径来实现的:"强有力的领导核心;得到扩张的发展边界;多样化的资金基础;受激的学术中心地带;整合的创业文化。"②这两本专著被称为有关创业型大学研究的奠基之作,其中的观点在欧美有关创业型大学的研究文献中不断地被引用。两本专著也已经被翻译成中文。

此后,这两位学者分别对创业型大学进行了更为深入的研究。亨利·埃兹科维茨于 1998 年主编的《资本化知识:工业与学术的新结合部》(*Capitalizing Knowledge: New Intersections of Industry and Academia*)中专门探讨创业型大学,提出了"大学的第二次学术革命"的概念。"今天,大学正经历第二次革命。不管是谈论某个医药公司以排他性专利或市场权利为回报而拿出可观的经费用于建立或维持某个学术中心,还是谈论数额较小,但更为普遍的学术与企业的合作性研究合同,日益增长的学术性科学商业化已经成为科学政策的主要内容之一。19 世纪末 20 世纪早期的学术革命将研究任务引进致力于知识的对话与转化的机构中。在第一次学术革命的基础之上,第二次学术革命将研究成果转化为知识产权,一种市场化的商品和经济发展。"③2002 年,亨利·埃兹科维茨出版了专著《麻省理工学院与创业科学的兴起》。在书中,他以麻省理工学院为案例,将第二次学术革命的概念加以延伸,提出了创业型科学;并以斯坦福大学与硅谷为例,对创业型大学内部的学术知识与企业关系加以研究。"大学的职能正在经历一次转变,其规模和范围与 19 世纪末 20 世纪初大学将科研和教学结合起来成为其学术使命的第一次学院革命相当……将实验室的发现转化为具有市场价值的产品需要一系列的中间步

---

① Clark B R. Creating Entrepreneurial Universities: Organizational pathways of transformation[M]. London: IAU Press,1998:6.

② Clark B R. Creating Entrepreneurial Universities: Organizational pathways of transformation[M]. London: IAU Press,1998:7-9.

③ Etzkowitz H, Healy P. Capitalizing Knowledge: New intersections of industry and academia[M]. New York: State University of New York Press, 1998:21.

骤,需要研究者有出售和发表个人研究的意愿。在这种情况下,个人和组织都成为企业家。"①伯顿·克拉克于 2005 年出版的《大学里的持续变革:个案研究与观念的持续》,对创业型大学进行了更为深入和持久的研究,研究的视角放大到全球范围,不仅对欧洲的创业型大学进行了研究,还涉及了非洲、拉美与澳大利亚等地区的创业型大学个案。在这本专著中,伯顿·克拉克深入地分析了创业型大学中的价值冲突,并提炼出了高等教育在向创业型大学转化过程中组织转型的三个关键问题:"大学里哪些组织要素聚合到一起构成了创业型大学的适应性极强的特质? 这些构成适应性极强的特质的要素是怎么得到发展的? 大学又是如何保持这种适应性极强特质的发展的?"②

除了上述两位权威的专家有关创业型大学的研究成果之外。欧美主流高等教育杂志和其他学者出版的著作在最近几年中也有相当数量的创业型大学的讨论。这些讨论几乎涉及创业型大学研究的各个方面,下面将其主要观点加以归纳。

(一)有关学术资本主义与创业型大学关系的研究

学术资本主义在本质上是指大学中的知识生产与传播活动不再受到传统的为研究而研究的纯学术导向价值的影响,而更多地受到外部社会经济资本,乃至市场信息的左右。随着政府对高等教育资金资助的减少和将市场机制导入高等教育的政策引导,高等教育机构的学者不得不积极地投入到商业活动中,诸如开设公司、充当企业顾问等,以获得更多的资金来完成原来依靠政府资助的研究任务。而高等教育机构作为一个主体,更是整体地进行价值创造来实现原来需要政府资助的发展目标。政府对待大学的方式越来越接近于政府对待企业的方式,大学也越来越像一个企业一样,为"赚钱"而从事各种研究活动。

有关"学术资本主义"的含义,有研究者指出,"以公共资金资助为主的大学的学术群体,在一个竞争的环境中,通过教学、科研、咨询技术或其他学术知识的应用

---

①　埃兹科维茨.麻省理工学院与创业科学的兴起[M].王孙禺,袁本涛,等译.清华:清华大学出版社,2007:17.

②　Clark B R. Sustaining Change in Universities:Continuities in case studies and concepts[M].Berkshire:Open University Press,2005:2.

来发展其学术资本,学术群体的行为与资本家别无二致,并且成为国家所鼓励的企业家,因此,他们从以好奇与探索奥秘为导向的学术转向了更为实际的工业研究"①。或者,从高等教育机构的层面来看,大学和其他高等教育机构是一个混合、复杂的经济组织,而不再是单纯的知识传播与探究的组织。"大学的运作是一个混合的经济体,副校长的角色已经转为大学的主要执行官,必须对董事会或大学的委员会负责,也必须承受精简和代表管理者的压力,结果造成大学教育不再那么强调集体与民主,而强调机构与个体竞争的模式。"②大学里人与人的活动已和企业家与商业活动没有什么质的区别了。

斯特劳和莱斯利于1999年出版的专著《学术资本主义:政治、政策与创业型大学》中分析了学术资本主义的含义与影响,以及创业型大学产生的动力与外部政策影响。他认为创业型大学中的教师已经不再是日常意义上的大学教授了。"大学雇员既被公共部门雇用又日益独立于公共部门,他们是来自公共部门内部充当资本家的学者,他们是政府资助的企业家。""为了保持或扩大资源,大学教师不得不去竞争那些与市场紧密联系的研究外部的美元,这些研究明显是应用性的、商业性的、策划的,并且是目标明确的研究。这些研究经费,要么通过各种形式的研究资助或研究合同、服务合同、技术转让、与工业和政府的伙伴关系而获取,要么通过招收更多高层次却无须付费的学生的方式而变相得到。"基于此,斯特劳和莱斯利提出了"学术资本主义"的概念,"我们称这些机构的和专业的市场或者为了获得外部金钱的市场似的努力为学术资本主义"③。这本著作是关于创业型大学同高等教育领域内部的学术资本主义和外部的意识形态与政策影响关系的较为重要的研究。

(二)有关创业型大学形成的外部条件的研究

西方高等教育理论界对于创业型大学形成与发展的外部条件的研究结果比较

---

① Deen R. Globalization, new managerialism, academic capitalism and entrepreneurialism in universities: Is the local dimension still important? [J]. Comparative Education,2001,37(1):7-20.

② Zilwa D K. Using entrepreneurial activities as a means of survival: Investigating the processes used by Australian universities to diversify their revenue streams[J]. Higher Education, 2005,50(3):387-411.

③ Slaughter S, Leslie L L. Academic Capitalism: Politics, policies and the entrepreneurial university [M]. Baltimore: The Johns Hopkins University Press,1999:8.

一致。一般来讲,创业型大学的形成与发展主要是基于以下几个方面的原因:"变化着的大学的社会地位;变化着的学生客户;大学和学习市场;变化着的知识的形式;变化着的研究活动的本质;变化着的传递课程计划的方法;变化着的学术的地位"①。

也有学者总结认为,在创业型范式的大学概念中,大学的外部驱动力更为复杂,至少包括这些内容:(1)国家与政府的公共政策的变化。国家与政府作为大学发展的主要受益者,受到公共经费预算的压力,愿意释放对高等教育的控制。"联邦与州政府的政策发生了变化,努力促进高等教育机构中的技术商业化,鼓励发展新型的联合方式并开拓新的资金来源。"②(2)国家对高等教育机构的绩效责任的要求。政府希望高等教育机构对其他的受益者更透明地展示其效率与能力,比如高等教育对经济发展应承担的绩效责任。(3)技术革命对大学的需要。"这是一种复杂微妙的状态,社会需要革命性的技术,而这种新技术的产生需要巨额的预算、多学科的合作,这只能借助于大学与工业新的合作方式。"③(4)工业全球竞争的要求。在发达国家中,工业企业受到技术发展与社会需求更新的压力,并且是在全球环境中与众多的对手竞争,出于获取或保持企业领先优势地位的需要,企业需要大学为自身提供更多的支持。(5)额外研究经费的需求。当传统来源的经费日益减少时,大学需要通过研究活动获得其他选择性的经费。这些外部动力,构成了大学组织变迁的内部驱动。比如:"在新技术领域进行基础研究的复杂与多学科合作的需要;希望从技术领先中获得财政方面的益处的教员,打算把他们的理论应用到实践中,并且认为工业是恰当的应用领域;领导者,或者大学的教师与行政群体中的高级人物,他们实现创业的功能;一些新兴的课程(企业精神、管理技术、环境评估、继续教育、国家性的要求等)的需要;学生对大学能提供给他们更多相关的、多学科

---

① Jarvis P. University and Corporate University:The higher learning industry in global society[M]. London:Kogan Page Limited,2001:3.

② Schmandt J, Wilson R. Growth Policy in the Age of High Technology: The role of regions and states[M]. London:Unwin Hyman Press,1990:203.

③ Rostow W W. The Fourth Industrial Revolution and American Society:Some reflections on the past of the future[M]//Furino A. Cooperation and Competition in the Global Economy:Issues and Strategies. Cambridge:Mass Ballinger Press,1998:63-64.

的课程的要求;对技术、专业和个人发展的继续教育要求的反应"①。

其中公共经费的短缺是最直接的诱因,"英国的高等教育自新高等教育法规颁布以来就承受着国家拨款一年少于一年的窘迫,大学不得不利用自己的所有资源来实现组织的生存与发展","在美国,自 20 世纪 80 年代以来,大学已经不断实质性地扩张其研究与发展的资金来源,包括通过与经济与商业领域更为密切的联系来完成它们的任务"②。此外,随着高等教育的大众化和终身学习社会的形成,现在大学生在各个年龄阶段都有分布,他们对高等教育的需求变得多样化,而这些多样化的需求就需要相对应的更为灵活的高等教育机构来满足。一些在学术传统方面不是很强的高等教育机构于是转向以满足那些非学术的课程要求。"创业型大学的生存之道来自它们需要具备与不断变化的社会齐头并进的能力,即它们满足各种特定教育和培训的需要,从而满足学生和雇主双方的需求。"③

此外知识社会的到来也是创业型大学的外部条件之一。有学者认为 21 世纪的高等教育改革必须面对知识社会中的各种复杂挑战,这也是创业型大学之所以形成与兴盛的主要诱因。"在全球,尤其是在欧洲,大学现在面对着一系列非常复杂的局面:日益变得不确定的生存环境;高等教育系统需求的分化与持续的增长;教育与研究的日益全球化;人们对大学的新社会期望的出现;知识生产与传播日益分离;大学与工业以及更广泛的经济世界的日益紧密和有效的联系。"④

(三)有关公司文化与创业型大学的互动的研究

创业型大学的形成与公司文化对高等教育机构的渗透有着密不可分的关系。这一方面是大学自身提高管理效率的需要,另一方面是社会要求大学与经济发展

① Smiler R W, Dietrich G B, Gibson D V. The entrepreneurial university: The role of higher education in the United States in technology commercialization and economic development[J]. International Social Science Journal, 1993,45(1):1-11.

② Powers J B. R & D funding sources and university technology transfer: What is stimulating universities to be more entrepreneurial? [J]. Research in Higher Education, 2004,45(1):5.

③ Oleksiyenko A. The Entrepreneurial Response of Public Universities, Canadian Society for the Study of Higher Education[D]. Professional File,2002.

④ Zaharia S E, Gibert E. The entrepreneurial university in the knowledge society[J]. Higher Education in Europe, 2005,30(1):31-40.

加强联系,两者的相互作用形成了公司大学。"高等教育对于社会发展是必不可少的,教育是一个工业化地区经济发展的工具,而高等教育的扩张将导致各大学资源不足,因此高等教育逐渐朝向对学生收取学费、成立私有化高等教育机构、吸引国外学生、由雇主偿还教育成本、与企业合作,大学朝向公司化、法人化,以改变社会与学校之间的关系。"①

2001年,彼得·加维斯出版了《大学与公司大学:全球社会中的高等教育》。在这本书中,彼得·加维斯指出大学越来越表现出公司本质。受新自由货币主义政府的影响,"在英国,自20世纪80年代开始以来,大学获得的政府基金急剧减少,因此大学不得不变得更具有竞争性。这就导致许多传统大学呈现出更像公司的形式,它们的行为也越来越像做生意,副校长变成了首席执行官、学术委员会消失了等诸如此类"。"英国的大学正朝公司化改革的方向前进,遵循着由企业家组成的委员们提出的建议。"②

彼得·加维斯在第六章专门讨论了大学里的"公司大学"(Corporate University/academy of the University),从"大学的行政与结构、教学活动、研究"三方面论述了大学的公司本质(The Corporate Nature of the University),并得出结论,"大多数大学已经朝拥抱公司文化的方向走去,重新认识到它们的研究生教育和许多研究活动将会由企业来提供资助。……在全球资本主义的世界中,大学已经适应了,它们将用更公司化的方法来改造它们的结构"③。同样对公司化大学进行了论述的还有格雷斯·威廉斯,他主编的《创业型大学:开放、优秀与公平》收集了一些对公司化大学之所以形成压力机制进行讨论的文章。"到目前为止,得到广泛认可的是英国1988年和1992年颁布的教育法规,象征了一种大学、政府和更广泛社会之间的财政关系的转变。概要地说,这种转变是大学从受政府资助到尽力使其学

---

① Gill T K, Gill S S. Financial management of universities in developing countries[J]. Higher Education Policy, 2000,13(2):125.

② Jarvis P. University and Corporate University:The higher learning industry in global society[M]. London:Kogan Page Limited,2001:9.

③ Jarvis P. University and Corporate University:The higher learning industry in global society[M]. London:Kogan Page Limited,2001:108-109.

术任务、教学和研究服务能够直接出售,或者由政府以学生消费者的名义来购买。而这些转变在当大学从这个世界里学到了财政生存的艺术时,导致了'创业'和'创业主义'的快速增长。"①"对于大学的员工来说,大学正变得越来越像商业组织。在英国,一种麦当劳式的大学变体作为榜样使得高等教育向商业公司的语言和实践开放。"②美国学者埃里克·古尔德出版的《公司文化中的大学》(*The University in a Corporate Culture*)已经被翻译成中文,书中详细地论述了公司文化对大学各个部门的渗透,并认为这是市场霸权与知识社会中大学所拥有的知识的交易价值为市场所左右的结果。当代美国大学在经历了大众化的扩张之后,"除了少数最优秀的高等院校提供最有价值的证书之外,美国教育机构开发出一套全然无可匹敌的学生入学体系,并以此来支持其民主的市场行为。在这个体系中,学位本身就是一种商品,根据需求和市场承受度标价"③。

俄罗斯学者格鲁德辛斯基 2005 年撰文研究了俄罗斯高等教育机构中的创业型大学中的公司文化。"在紧迫的市场压力面前,大学已经给自己树立了在新社会条件下的发展目标,这些发展目标涉及科研、教学和服务社会,曾经的教育机构现在运营得如同商业性机构一样,公司文化取代了传统俄罗斯大学的传统。但这能否解决大学在市场压力下的所有问题仍有待思考。""在过去的几年里,创业型大学这个名词已经在解决高等教育管理的专家们的脑子里牢牢地占据了位置。"④

(四)有关创业型大学的生存途径与运营方式研究

在这方面,较为权威的研究当属已经被翻译成中文的《高等教育公司:营利性大学的崛起》,由美国学者理查德·鲁克所著。在这本著作中,作者全面分析了美国五所著名的提供高等教育服务的上市公司的运营情况及经验教训,指出追求利

---

① Williams G. The Enterprising University: Reform excellence and equity[M]. London: London University Press,2003:1.

② Williams G. The Enterprising University: Reform excellence and equity[M]. London: London University Press,2003:94.

③ 古尔德. 公司文化中的大学[M]. 吕博,张鹿,等译. 北京:北京大学出版社,2005:19.

④ Grudzinskii A O. The university as an entrepreneurial organization[J]. Russian Education & Society, 2005,47(1):7-25.

润并不必然导致学术水平与价值的降低,并为创业型大学、营利性教育公司的存在提供了合法性的证明,是当前创业型大学研究中为数不多的系统性研究成果。事实上,有许多学者对创业型大学的运营方式持积极态度。约翰·尼尔描述创业型大学时这样措辞:"在多彩的学术界,一个新的色带已经出现了——不同但还没有到足以明确区分的程度——创业型大学。在过去的 25 年中,许多这样的机构已经形成、发展、转变,或无意中形成了一种组织结构,这种结构与传统的学术机构相比更讲究战略,更具备商业操作的特征。这种运动已经导致了多种的机构,而研究者对此的言说与反应相当一致。他们对这类大学的操作之描述听起来像是《财富》杂志对世界 500 强的描述:它们在对竞争分析的环境基础上建立策略性目标;它们调查市场环境、顾客资料和传递系统,同时坚持课程的融合与关联,保证教学质量和学生满意。"[①]可以说,在大学的组织环境中,企业精神占据了一定的位置,并且作为大学适应内外部环境变迁的新方法,为众多机构所模仿。"一所大学,特别是当它希望在公共与商业生活中扮演积极的角色时,必须非常专业化地管理自己,就如同大公司经营自己的生意一样。"[②]显然,与传统的大学不同,现在的高等教育在获取经费方式上转向市场手段之后,越来越像企业一样地运作的趋势已经无法避免了。传统大学范式正在向企业化的大学范式前进,创业型大学已经诞生。从高等教育的组织结构来看,传统的组织结构正在向合作的结构转变。"大学从传统的等级结构中——学术与教学群体享有超级威望分离出来的时代已经来临,将产生一种新的规则,在这个规则中学生和外部的顾客成为大学存在的主要目的,学生的角色不只限于消极的接受,而是关注于合作和互动的态度——一种以伙伴关系为基础的角色态度。"[③]

有关学者对美国的创业型大学的研究表明,从传统大学到以商业方式运作的

---

① Neal J E. Quality assurance in the entrepreneurial university[J]. New Directions for Institutional Research,1998,25(3):69-85.

② Pawlowski K. Towards the entrepreneurial university[J]. Higher Education in Europe,2001,26(3):427.

③ Pawlowski K. Towards the entrepreneurial university[J]. Higher Education in Europe,2001,26(3):427.

大学,是一种范式的转变。"在正在显露出来的创业型大学的范式中,一套新的内外部力量正在形成大学的联系机制和支持系统工程,这些正改变着大学的教学、研究、服务的目标。"[①]这种新的企业化的大学范式,与传统的在学术声望、政府足够的经费支持和以基础研究为主导的动力驱动之下,以教学、科研和服务社会为主要活动,以社会理解以及学生与专业的、同行的承认为输出结果的大学范式,十分不同了。"创业型大学必须努力完成以下目标:通过学习和教育,大学毕业生除必须成为一个寻找工作的人,最重要的是要成为一个创造工作的人;企业化的管理,特别是如何应对在公司快速成长期里可能出现的那些困难的能力,应该迅速成为多学科研究的目标;研究活动及其结果应该不仅仅要出版,更要成为经济与社会发展的革命源泉,成为新公司商业概念的出发点。"[②]这种内外部力量影响之下的创业型大学的范式,在本质上是高等教育的学术活动中发生了一次革命,学术知识从对商业的排斥进入到了与商业利益联系的阶段。当知识与商品直接联系在一起时,传统的那种更多地将知识与人的心智发展联系在一起的大学范式自然要产生出企业化的特殊组织实体了。或许,这种赋予知识商品以经济价值的追求在以往的大学中只是处在边缘位置,在今天的条件下就可以"登堂入室"了。

(五)有关创业型大学中的价值冲突与走向的讨论

几乎所有有关创业型大学的专著与文章都会谈到创业型大学中的商业与学术价值体系的冲突问题。消极的观点认为企业精神压过学术价值之后,"大学失去了学术自治""象牙塔倒塌了";积极的观点则认为"大学不能逃避市场化""公司文化给现代社会中最不讲效率的组织——大学注入了强心剂"……诸如此类的观点不胜枚举。较为折中的观点则认为当大学拥有了企业一般的行为与外部特征的时候,大学给人的形象已经从"象牙塔"变为企业。或者如前文所引述的一般,在一些发达国家中,传统大学范式正在让位于创业型大学范式。虽然创业型大学形成了

---

① Smiler R W, Dietrich G B, Gibson D V. The entrepreneurial university: The role of higher education in the United States in technology commercialization and economic development[J]. International Social Science Journal, 1993,45(1):1-11.

② Schulte P. The entrepreneurial university: A strategy for institutional development[J]. Higher Education in Europe, 2004,29(2):187-191.

传统大学所不具备的这些特点,但高等教育依旧肩负着为国家培养人才的使命,只是随着高等教育的大众化之后,高等教育的发展模式逐渐改变。

2000 年,西蒙·马杰森和马克·康纳斯登出版了专著《创业型大学:在澳大利亚的权力、管理和重新发现》,介绍了澳大利亚创业型大学在权力与管理的争夺中的价值冲突与管理模式,在全球高等教育服务经济日趋频繁的时代,澳大利亚创业型大学的模式具有相当高的参考价值。书中他们提到了一个大学从学院主义转向管理主义的决策模式的例子。"几乎所有的受访者都对由那些'上帝教授'颁发荣誉和地位的传统学术经费委员会的让位感到欢呼。"[①]显然,大部分大学教师宁愿走向一个由市场文化主宰的管理主义而不愿停留在受传统的学术等级与地位阶梯控制的学术主义。在这本书中,作者对创业型大学中的市场意识形态也不无忧虑。"一方面,可以很好地鼓励大学的智力资源通过与产业市场的联系从而获得成功;另一方面,学术性成就完全由美元所衡量也有切实的危险。大学对于某一个教授当选为科学院院士所感受到的惊喜还不如某个教授从医药公司得到了一百万美元所产生的惊喜。"[②]正是出于对这种现象的担心,作者提出:"如果没有任何指导、毫不分辨地遵循着商业模式,大学就处在放弃那些使它拥有与众不同特点的最宝贵的东西——长期的研究计划、批判与改造性的学术、不属于任何一个有权势的社会机构但有责任与所有机构保持联系的机构空间。"[③]这本著作中所体现的澳大利亚高等教育机构中的创业型大学的趋势、内在驱动力与隐藏着的矛盾是有关创业型大学国别研究的典型。

2005 年经济合作与发展组织(Organization for Economic Cooperation and Development,OECD)《高等教育管理与政策》专刊在论述有关创业型大学的研究文献时有一段总结。"(大学与市场联姻后)不同的名词经常反映变化中的大学的不

① Marginson S,Considine M. The Enterprise University:Power, governance and reinvention in Australia[M]. Cambridge:Cambridge University Press,2000:42-45.

② Marginson S,Considine M. The Enterprise University:Power, governance and reinvention in Australia[M]. Cambridge:Cambridge University Press,2000:42-45.

③ Marginson S,Considine M. The Enterprise University:Power, governance and reinvention in Australia[M]. Cambridge:Cambridge University Press,2000:42-45.

同侧面:'变革的大学'是一个宽泛的概念,并不必然包括与追求利润相关的消极的因素;'服务性的大学'强调顾客的需要;'麦当劳式大学'强调效率、结算、预算和控制;'公司大学'则说明了一个大学是非常清楚地建立在寻找利润和提供大众化的学术产品的基础之上的。总之,创业型大学有很多种定义,但是一般而言指的是上述的企业化行动、结构和态度。"[①]但事实上,大学在企业化的行为与外部特征的深处,仍然保留着大学传统的追求。"创业的态度并不必然意味着公立大学将会把所有方面都变得像企业一样。创造利润与大学的其他目标相比并不清晰,大学仍然拥有不能被抛弃的社会任务。……那些创业型大学,它们并没有忘记过去。它们利用了过去的优势并以一种改革的方式规划将来的道路却没有失去大学的主要特征,如同我们平常所理解的一样。"[②]从高等教育的发展历程来看,走向创业型对大学来说,只是在发展过程中功能调整的又一次尝试,大学的企业化或者一些创业型大学的出现,证明了高等教育的灵活性与适应环境能力。这种新形成的功能,与原有功能体系之间确实存在着某种冲突,但是,高等教育机构似乎已经做好了接受新的功能与任务的准备。"在这个意义上,当它们被称为创业型大学时,根本没有任何被误解的担心。"或者,从另外一个角度看,创业对于所有的大学来说都是一种适宜的行为。"大学与商业动机的联系并不完全是贬义的。逐渐地,甚至那些曾经依赖于国家财政支持的大学也已经发现,找到一条能让自己在财政上变得自立的途径是非常必要的。最利他主义的教育投资也需要成功的商业运作方式。正是在对这个基本事实的认识基础之上,更大的企业化精神在大学中发展了起来。"[③]

纵观上述研究文献,我们可以得知,到 21 世纪的第一个十年为止,国外关于创业型大学的研究已经比较深入。但是在创业型大学形成的社会背景条件、创业型大学适应变化环境的途径等方面的研究尚有待系统化,在创业精神、公司文化如何

---

① Rinne R,Koivula J. The changing place of the university and a clash of values: The entrepreneurial university in the European knowledge society A review of the literature[J]. Higher Education Management and Policy,2005,17(3):87-122.

② Virgilio A, Meira S, Alberto M S,et al. The entrepreneurial university: How to survive and prosper in an era of global competition[J]. Higher Education in Europe,1999,24(1):11-21.

③ Chambers B J. The American university in Bulgaria as an entrepreneurial university[J]. Higher Education in Europe,1999,24(1): 101-108.

为大学所运用并与传统的学术文化共存于创业型大学的组织之中,以及创业型大学的经营策略等方面还需要进一步地梳理与研究。从目前研究的趋势来看,研究的领域较多地局限于美国与欧洲的创业型大学,对发展中国家的创业型大学关注较少,尤其缺少发达国家与发展中国家大学如何走向创业型大学的策略的比较研究;对于学术资本主义与学术创业精神视野中的创业型大学研究仍然比较缺乏,较少从知识商品化的角度去思考创业型大学的意义与作用。随着创业型大学兴起所带来的高等教育场域资源争夺与大学功能的重新整合,创业型大学将改变和丰富高等教育系统中的游戏规则,因此对于创业型大学的研究是一个极具理论意义和实践价值的课题。

二、国内有关创业型大学的研究

创业型大学在国内的高等教育理论界是一个崭新的研究领域,从现状看,国内的研究无论从研究文献的数量还是在研究成果的水平方面都与国外的研究有较大的差距,主要的研究成果可以归纳为以下两个方面。

(一)对国外有关创业型大学研究文献的翻译与综述性评论[①]

在这方面,由浙江大学王承绪教授翻译、人民教育出版社 2003 年出版的伯顿·克拉克的《建立创业型大学:组织上转型的途径》是最早有关创业型大学的文献;2005—2006 年,北京大学出版社出版的《公司文化中的大学》和《高等教育公司:营利性大学的崛起》两本西方创业型大学研究的专著译本,是有关创业型大学的重要研究文献。

此外,我国高等教育理论界也开始出现为数不多的一些关于创业型大学的介绍性文章。比如《比较教育研究》2001 年洪成文发表的《企业家精神与沃里克大学的崛起》,是较早介绍西方的企业文化与大学领域的革新的文章;同一杂志上,2003 年吴志兰等发表了《企业家精神引入美国大学的路径探析》,介绍了美国创业型大

---

① 此处有关综述的文献,其发表时间为 2011 年前。事实上,自 2011 年以来,已有较多的新增文献。特此说明。

学的概况;王雁等于 2003 年在《高等教育研究》上发表《创业型大学:研究型大学的挑战和机遇》,介绍了美国研究型大学的企业化策略与面临的困难;张丽英在《高等师范教育研究》2003 年第 2 期发表《"全球化"所引发的"新管理主义"、"学术资本化"和"大学企业化"思潮》一文,提出:"'学术资本化'和'大学企业化'对于应对国家财政的紧缩自然是有其不可磨灭的功绩,但是值得引起注意的是市场和经济资本并不是大学的全部,我们担心的是在这场资本化和企业化的大潮中教育被迫'功利经济化',以市场价值来度量学术资本化能力,将现存的一些'重理轻文''重科技轻社会文化'等情绪予以强化,这些都将成为高等教育继续发展的阻碍。"在 2005 年 7—8 月的《北京教育(高教版)》上,胡春光等发表了《创业型大学的组织转型及其启示》一文,主要介绍了伯顿·克拉克的理论;同年,胡春光在《高等农业教育》第 11 期上发表了《大学变革的趋势:创业型大学的兴起》一文,内容与前者大致相同;2006 年 7 月,《江西教育科研》发表了马志强的《创业型大学崛起的归因分析》一文,再次介绍了欧美创业型大学兴起的社会原因。

(二)有关创业型大学的系统性研究及成果

到 2011 年,关于创业型大学的系统性研究成果在我国高等教育领域界还较少。从文献来看,主要有两篇博士论文和一篇硕士论文涉及创业型大学的研究。一篇是 2005 年 4 月潘发勤撰写的题为《西方学术资本主义和创业型大学研究——以英美澳为例》的博士论文。在这篇论文中,作者着重探讨了学术资本主义的发展历程,以及学术资本主义影响下的企业家精神在大学里的引入与创业型大学的发展,论文的主要侧重点在于学术资本主义的论述,而非创业型大学的运营机制等。需要引起注意的是,在这篇论文中,作者较详细地对 entrepreneurial university 这个术语应该如何翻译进行了探讨,认为中文普遍的翻译对应词——"企业型大学"并不能完全涵盖西方学术背景中 entrepreneurial university 一词的含义,从而提出用"企业化大学"较为恰当。① 同年 11 月,浙江大学管理学院的王雁完成了题为《创业型大学:美国研究型大学模式变革的研究》的博士论文。在这篇论文中,作者主

---

① 潘发勤.西方学术资本主义和创业型大学研究——以英美澳为例[D].杭州:浙江大学,2005:3-4.

要以美国研究型大学发展模式的进展为基础,从产学研合作中的政府、产业、大学三者关系的角度,论述了美国研究型大学中的企业化策略和企业化机构,并得出了五条结论:"创业型大学是具有'企业家精神'的研究型大学;创业型大学的职能体系是教学、研究、创业三位一体的完整体系;与传统研究型大学相比,创业型大学具有环境敏感的组织范式与内外协调的运行机制;创业型大学的典型特征是以国家利益为考量,以创业为优先,创业型大学的基准共有七条;我国的'985 工程'大学在科学能力、创业能力等若干指标上与美国研究型大学相比存在较大差距,需要我国政府提供帮助,大学在相应方面进一步加强与改进。"①系统研究成果还有河南大学的马志强于 2007 年完成的硕士论文《西方创业型大学的兴起和发展》。这篇硕士论文对西方创业型大学兴起的背景进行了介绍,对创业型大学的组织转型途径与职能结构及组织运行机制进行了分析,并在最后提出"变革是新世纪大学面临的必然选择;大学自治是大学变革的永恒话题;准确定位是大学发展的首要环节;冲出'象牙塔',加强高校科研成果转化;开展合作办学,促使高等教育国际化"②等建议。这些研究成果对于从更深层的视野分析创业型大学提供了较好的基础。

在 2010 年前后,国内对创业型大学的研究还处在刚刚起步的阶段,大多数研究仅停留在西方文献关于欧美创业型大学事迹的介绍和创业型大学组织运行机制的分析上,甚至对 entrepreneurial university 一词的翻译仍然存在争议,创业型大学的研究有着非常广泛的空间。

总而言之,创业型大学的研究是独特的领域,创业途径是否能够成为高等教育机构在全球竞争中的法宝,解决全球竞争及其他因素所带来的问题,仍然有待观察与探究,有许多问题可从新的角度用新的方法加以研究。

---

① 王雁.创业型大学:美国研究型大学模式变革的研究[D].杭州:浙江大学,2005:209-213.
② 马志强.西方创业型大学的兴起和发展[D].开封:河南大学,2007:62-65.

第三章　创业精神与大学：奇异的组合

迈克尔·夏托克在谈到创业型大学的崛起时，这样描述创业精神对于大学发展的重要意义和这种创业精神之所以必需的背景："当今社会，市场的作用和学校之间的竞争对高等教育格局的影响大大超过从前，大学要走出一条新的、较少依赖国家资金的道路，能够迅速抓住机遇，锐意进取，才能成为时代的宠儿。"①事实上，自从伯顿·克拉克描述的创业型大学在世界各国高等教育系统中出现以来，"创业型大学"这个词语对于高等教育系统来说就开始具有了象征意味。在10年多的时间里，适合于创业型大学出现与发展的外部社会环境变得越来越具有市场主导的特征。在政策、大学与学术权力的三者关系之中，市场的力量越来越具有决定性的意义，高等教育系统中的机构与组织的活动同市场中的机构与组织的活动似乎具有越来越多的相似性。创业这一以往属于企业家或企业组织的活动，现在已频繁地出现在"象牙塔"中。但是，对于大多数高等教育系统中的人来说，创业更多的是一个来自企业管理领域的外来术语，因此，要想把握高等教育系统中的创业现象，首先需要把握企业管理领域的创业与创业精神的含义。

一、创业与创业精神

无论是在日常生活的话语里，还是政府的政策话语以及人文社会科学研究的关键词体系中，"创业"都是当前社会中最热门的词语之一。"创业"这个词语之所以在21世纪的世界里具有如此高的吸引力和激发人们行动的魅力，显然是资本主义生产方式的普及所造成的一个必然结果。在社会经济发展水平进入知识经济、

---

① 夏托克.成功大学的管理之道[M]. 范怡红，译.北京：北京大学出版社，2006：163.

全球经济一体化的时代,创业无论是对个人、组织还是对于某个国家来说,都是一种生存与发展的选择。如果有人断言,创新与创业精神是今日组织、经济及社会赖以存续的最重要的活动,估计很少会有人去反驳。

　我们先来看看管理学家们的解释,看看"创业"在学术上的含义是什么。长期以来,人们对创业的本质都有较一致的认可,但在涉及定义的时候,则有许多侧重点,因而可以看到许多关于创业的定义。当然,这并不影响我们认识什么是创业。许多人都认同这样一种概念:"创业是包括创造价值、创建并经营一家新的营利型企业的过程,是通过个人或一个群体投资组建公司,提供新产品或服务,以及有意识地创造价值的过程。"①这显然是一个能为人们所普遍接受的概念,它阐述了创业的现象和创造价值的本质。另外的定义是:"创业是创造不同的价值的一种过程,这种价值的创造需要投入必要的时间和付出一定的努力,承担相应的金融、心理和社会风险,并能在金钱上和个人成就感方面得到回报。"②这个概念则强调了创业活动中价值回报的特征。至于管理学会(国际管理科学学会,the Academy of Management)的教授协会对创业的定义就更为广泛了:"创业是对新企业、小型企业和家庭企业的创建和经营。"③这个概念把所有企业组织的创建和经营活动都归入创业的范围中。此外,还有许多类似的其他概念。但是在这些概念中,除了一些语言表达上的差异之外,都有着一些共同的主题。④　在这些主题中,最基本的一点是对企业与企业家个人活动的重视,因为,只有企业家的存在,有这样一类人去做这样的一些事情,才可能有创业活动的存在。企业家是不同于社会上其他群体的一类人,离开了他们,社会就不会有"创业"这个词。此外"创业"还有其他几个共同的主题,其中之一就是强调创新。这种创新可以是经济上的增长,可以是理念创新,也可以是任何一种与众不同的新价值。或者说,创业包括变化、改革、改造,以

---

　① Robinson M. The ten commandments of intrapreneurs[J]. Management, 2001:95-97.

　② Hamel G. Reinvent Your Company[J/OL]. Fortune, http://www.fortune.com, 2000-07-12.

　③ Enbarl N. Where big shots learn to think like hotshots[J/OL]. Business Week, http://www.businesweek.com, 1999-10-18.

　④ Gartner W B. What are we talking about when we talk about entrepreneurship? [J]. Journal of Business Venturing, 1990, 5(1):15-28.

及新方法的引进。创业不是仅仅模仿别人所做的,而是做一些新的事情——一些初次尝试或试验的事情,一些独一无二的事情。

我们在"创业"的定义中所看到的另一个共同主题是组织的创建。创业看起来是企业家个人的事情,但事实上,创业往往需要创建一个组织。这个组织可以是企业,也可以是其他的类似公司的组织,但它必须是这样一个组织:这个组织为了寻求企业家已感知到的创新机遇,为了去创造价值,具备有组织的努力和行动。毕竟,如果没有一定的组织,不管是作为个人还是团队,去获得资源、寻求创业机遇并获得成功的能力,都是很有限的。

在众多的"创业"定义中,成长或者发展是一个不能忽视的共同主题。创业过程不是一夜暴富的故事,而是经历了企业组织的成长并积累起了许多传奇故事的过程。创业是创建一个企业或类似的组织,并在其成长过程中把握住发展机会。创业不是静止不前的,它包含着成长。或者说,在"创业"定义中我们通常会发现的主题是:创业是一个过程,一个需要时间的过程,包括一系列进行中的决策和行动,即从创业开始到企业的经营管理,甚至到某一时间的退出与可能遭遇的挫折等所有的各种决策和行动。

或许从这些众多的概念中,我们可以抓住在企业管理领域如此热门的一个词的本质含义,并且可以尝试用一种通俗化的语言来表达。"创业"的含义是指一种过程,在这个过程中,某一个人或一个群体、系统,使用组织的力量去寻求机遇,去创造价值和谋求发展,并通过创新和特立独行来满足社会的愿望和需求。而创业者,可以是企业领域的组织,也可以是其他领域的组织,所创造的价值,既可以是物质财富也可以是精神上的价值。或许,创业的这个含义对于高等教育机构来说比较能够被接受,因为,在创造价值服务于社会这方面,高等教育系统向来有这个传统和优势,并且是任何一个国家的高等教育机构都愿意表现出来的行动。

"创业"这个词语在当今的各种话语载体中不断地被人们提起,并且由于大众媒体大力宣扬创业成功者丰裕又幸福的生活而激发起了人们对创业的渴望,创业成为一个裹挟了时代发展主旋律的强势词语。但是,创业显然不是在20世纪末期或者21世纪才有的活动。事实上,在理论文献中我们可以看到,对于创业的研究,历史非常悠久。早在 18 世纪早期,法语单词"entrepreneur"(企业家)第一次被用来描述"中间人",18 世纪著名的经济学家理查德·坎蒂伦,被许多人认为是术语"企业家"的创造者。① 坎蒂伦用这个词来指称在寻求机遇的过程中扮演积极承担风险的角色的人。"企业家"在资本主义生产体系中起到了一种特殊的、不可或缺的作用,他们是那些拥有资本或资金但不愿意亲自去创业的人们之间的桥梁。在坎蒂伦的解释中,这些企业家本身不支付寻求创业机遇的资金,而只是作为中间人。这个概念与现在我们理解的"创业"含义相去甚远,但价值的创造这一功能已经包含于其中了。

另外一个对创业的研究作出划时代贡献的人物是熊彼特,他在 20 世纪 30 年代中期拓展了"创业"的概念。熊彼特提出,创业不仅仅是一个中间人的工作,那只是资本主义生产体系处于初级阶段的功能,创业应该还包括创新和使用未曾尝试过的技术,或者是"创造性毁灭"。② 所谓的"创造性毁灭"就是用相应的更好的产品、工序、观念和企业,来替代现存的产品、工序、观念和企业的过程。熊彼特认为,通过"创造性毁灭",旧的和过时了的方法或产品会被更好的代替,即通过对旧的方法和产品的毁灭迎来对新的方法和产品的创造,促使生产得到发展。而企业家们正是创造性毁灭过程背后的驱动力量,他们是把突破性的思想和创新带入市场的人。熊彼特的"创造性毁灭"的含义解释了资本主义经济生产进入新阶段后的创业特征,也更进一步突出了创新在创业中的重要作用。这一点同经济转型是紧密联系在一起的。20 世纪伟大的管理大师彼得·德鲁克在其专著《创业精神与创新》一书中对此表露无遗。他对创业含义中的创新作用的强调更上一层楼,认为创业是企业家们对机会的认知和所采取的行动,是一种具有冒险意识的创新精神。在德鲁克看来,创业之所以以创新实践为基调,是因为创业不仅仅是在有蓝图的情况下发生,也会作为对企业家如何看待未曾使用、未曾开发的机会的一种回应而产生。在市场经济中,一项创新成功与否不在于是否新颖、巧妙或是否具有科学内

---

① Russell R D. Developing a process model of intrapreneurial systems: A cognitive mapping approach [J]. Entrepreneurship Theory & Practice, 1999(Spring):65-84.

② Stevens T. Idea dollars[J]. Industry Week, 1998(2):47-52.

涵,而在于它是否能赢得市场。[①] 显然,知识经济时代的创业,更多的是强调一种创新意识,是一种赢得市场的活动。

再来看看什么是创业精神。与创业这个词一样,创业精神的含义也经历了历史的发展与变化。我们在确定了创业在本质上是一个创造价值与发现价值的过程,即某个人或者某个群体通过有组织的努力,以创新和独特的方式追求机会、创造价值和谋求增长的过程之后,对于创业精神的理解也就不难了。它是创业家、企业家身上所具有的精神,是一种创新的精神。在汉语的词源上,"创业精神"一词与企业家精神、创新精神本就是同源的。熊彼特讲述的企业家所具有的"创造性毁灭",以及韦伯指出的在新教伦理与资本主义发展中的美德与能力,都可以归纳到"创业精神"这个名词的含义中。按德鲁克的说法,"创业精神"就是"一种行为,而不是个人性格特征,有其理论与概念的基础,而不依靠直觉。创业精神有其经济与社会的理论。这些理论把变化看作是正常、有益的现象,并认为社会特别是经济的主要任务就是变革,而不是去完善已有的东西"[②]。在这个定义里,"创业"精神突出的是一种创新,一种打破常规的行动。或者换个角度看,创业精神"指的是善于捕捉和利用机会,敢于承受风险,为创造某种新的价值,努力发挥创造力、实现创新的一种勇往直前的文化与心理过程"[③]。

走出创业精神的词源,更进一步分析创业精神,它作为一种以创新为核心的心理过程,最重要的主题就是创新。创业精神或者企业家精神,包含了变革、革新、转换和引入新方法,即新产品、新服务或者是做生意的新方式。在竞争激烈的社会条件下,创业精神与创新是相辅相成的,因为只有创新才能为企业提供竞争的优势。对于企业组织来说,创新就是把生产要素和生产条件的新组合引入原有的生产体系,其目的是获取潜在的利润。创新有多种不同的形式,可以是开发新的产品或对产品进行改进,也可以是对产品的生产方式、工艺流程进行改进,打开新的市场,获得新的供应来源,形成新的产业组织结构等。"创新的本质是变革,即不断更新组

---

① 德鲁克.创新与创业精神[M]. 张炜,译.上海:上海人民出版社,2002:77.
② 德鲁克.创新与创业精神[M]. 张炜,译.上海:上海人民出版社,2002:78.
③ 周直. 创业精神及其培育[J]. 江苏行政学院学报,2005(2):30-33.

织所提供的产品及服务,以及不断改进生产、传输这些产品及服务的方法。"①创业精神的关键在善于捕捉机遇、敢于承受无法避免的风险,只有具有了这种必不可少的、勇敢的气质,才有可能实现各种类型的大大小小的创新,也才有可能获取潜在的利润或创造其他新的价值。从风险的角度看,创业精神中的创新总是与风险相伴随。确实,在某些有着较长历史传统的复杂领域,创新过程是一个充满高度不确定性的过程,牵涉到许多相关因素。但与人们普遍认知的创业精神就是冒险不同,创新并不意味着高风险。"创业与创新并不都是高风险的,许多创业型企业获得成功,就是对所谓的创业精神与创新就是高风险说法的有力批驳。贝尔实验室的记录证明,甚至在高技术领域,创业与创新也有可能是低风险的。"②

显然,创业精神既不是科学,也不是艺术,更不是一种赌徒心理,而是一种实践。对于企业家来说,创业精神的核心是创新,他们利用创新改变现实,作为开创不同企业或服务项目的机遇。不论对个人还是机构而言,创业精神都有一种独特的含义,甚至在某种程度上它是一种个性特征,只属于勇于向传统挑战、否定权威的人。追求确定性的人往往不能成为优秀的创业者。在创业的过程中,需要创业者不断地作出各种各样的决策,任何决策的本质都有不确定性,是对机会成本的把握,只有那些能够大胆决策的人才有可能表现出创业精神。

创业与创业精神,已经不仅仅是两个词而已了,在经济与物质财富的增长成为社会的主旋律的年代里,创业是时代生活的关键词。还是德鲁克的话说得好:"创业就是要标新立异,打破已有的秩序,按照新的要求重新组织。理论、价值以及所有人类的思维和双手创造出来的东西都会老化、僵死,我们需要的是一个创业的社会,在这个社会中,创新和创业精神是正常、稳定和持续的。正如管理已成为所有现代机构的特有机制,成为组织社会的主体职能一样,创新和创业精神也必须成为维持我们组织、经济和社会之生存所不可或缺的活动。"③确实,21世纪是人类发展史上变革加快的世纪,所以有研究者将创业精神提升到这样的高度:"创业精神作

---

① 笛德.创新管理——技术、市场与组织变革的集成[M].陈劲,龚焱,金珺,译.北京:清华大学出版社,2002:97.

② 陈德智.创业管理[M].北京:清华大学出版社,2001:10.

③ 德鲁克.创新与创业精神[M].张炜,译.上海:上海人民出版社,2002:30.

为一种奋发向上、积极进取、追求进步、建功立业的精神状态,充分体现着一个民族自强不息的坚定意志,展现着一个社会蓬勃发展的强劲势头。创业精神是社会进步的强大的精神力量,是中华民族伟大复兴的不竭动力。"[1]我们不难解释,为什么对于一个21世纪的学者来说,如果不理解创业对于当代社会的意义,那么他就根本把握不到这个社会形形色色的人与机构对创业成功者的膜拜,对创业精神渴望的本质。

二、创业精神的迁移:从企业组织到高等教育机构

在企业领域,在个人追求物质财富与成功的过程中,以及在国家之间的经济竞争过程中,创业与创业过程中企业家所展现出来的创新的精神,正在影响着社会的方方面面。发达国家对创业的鼓励和对创业精神的推崇已经成为他们保持领先的策略之一;而发展中国家则正在学习如何激励社会的个体与企业正视创业的意义并推广创业精神,以期在新一轮的经济竞争中迎头赶上发达国家。创业与创业精神,已成为社会的标志性精神。

目前,当创业成为向来尊崇学术价值而不屑于追名逐利的高等教育机构的活动时,我们有必要对这个词语及其背后的特殊意义进行更深层次的思考。毕竟,创业与学术、创业精神与学术自治是分属于不同话语体系的符号,它们之前的能指与所指相差太远。因而,当创业与创业精神进入高等教育这个社会中抗拒变革的组织时,不同话语符号背后的价值冲突就难以避免了。

从作为符号并为人们接受与熟悉的程度来看,创业这个词语对于任何一个社会来说都不陌生,各个阶层都会有相当比例的人在创业,追寻物质与金钱上的成功,以赢取更高的生活条件和社会地位。成功的创业活动不仅可以带来物质上的富庶和精神上的满足,还可以交换文化资本甚至政治资本,实现向上层的社会流动。可以说,本质上没有哪个群体会对创业持敌意。而对高等教育机构来说,尤其是在经历了大众化与市场化双重洗礼之后,已难以摆脱与创业活动以及类似的追

---

[1]　蒋璟萍.创业精神的本质、特征和功能[J].沈阳大学学报,2004(2):15-21.

求利润活动之间的关系。事实上，许多高等教育机构都设有培养学生创业精神的课程内容并鼓励学生在毕业之后从事创业活动。毕竟，鼓励学生创业，可以缓解学校的就业压力。至于大学教师，早就有以自己的专利知识获取更好的研究条件与社会地位，乃至改善自己的物质生活的先例。而许多成功的大学自身也作为创业主体实现了大学功能的转变与变迁，成为典型的例子。那么，源自企业领域的创业理论是怎么样进入高等教育系统的呢？毕竟，在传统的大学理念里，高等教育机构自身并不从事创业活动，甚至反对追逐财富，这在近代大学的发展史上表现得非常明显。对这种大学"象牙塔"美誉的保护，不仅在舆论上是这样，在高等教育机构的传统价值体系中也是如此。学术自由与学术自治的传统与精神追求，使得大学成为一个非常特殊的组织系统，它在人们的心目中既是高深学问的象征，同时又是抗拒社会变革的代名词。或者，人们更认可这样一种说法：大学可以满足社会的需求，但却不必满足社会的欲望。社会也应当让大学成为人类独立精神的栖居之处，不应该让大学承担太多创造物质财富的压力，否则，当大学处于追逐财富先驱之时，恐怕也是社会文化沦丧于金钱之时。

显然，在一个对金钱与利益的追逐如此警惕的组织中，创业理论的渗透与被接受不是一个简单的过程，理论迁移的路线图肯定是复杂的。在这个理论迁移的路线图中，既有高等教育系统内部功能分化所造成的利益追求的多元化，也有外部社会发展条件的变化，甚至涉及高等教育机构活动核心即知识性质的变更。这一切都为创业理论在高等教育系统中的生根发芽提供了必要的条件。

创业理论最先为高等教育系统中处于学术边缘位置的弱势高等教育机构所接受。现代的高等教育系统已经不再是中世纪城邦中的某几个大学的联合体了。高等教育系统是一个极其复杂的系统，在这个系统中，处于不同位置的高等教育机构因为其不同的学术声望与历史声誉，在分享资源方面有着一定的差距。一些著名的大学可以非常轻松地获得巨额经费与人才政策支持，并始终处于"象牙塔"的顶端，而一些大学由于学术声誉不高且历史较短，无法获得政府与人们的较好评价，处于"象牙塔"的底层，获得生存与发展所必需的资源也就不多了。当后者的这些大学在"塔"内面对既有的"游戏规则"时，除了努力适应这种规则并争取更多的成功机会之外,它们更倾向于开拓新的领域。在这个新的领域里,"游戏规则"不再以既有的学术水平与历史声望为基础,而是某种崭新的、对于它们来说也许更为公平的规则。显然,源自企业领域的游戏规则对于它们来说是非常有吸引力的。这类在大学的学术系统之中无法获得优势地位、不被人们认可的高等教育机构,发现通过对创业精神与创业行动的认可,当组织像企业或企业家一样行动的时候,可以比那些著名的大学更轻松,没有包袱,成功的概率相对来说有可能会高得多。事实上,各国众多表现出创业型大学特征的高等教育机构中,最容易接受企业领域的创业理论与质量管理思潮的,都是在高等教育系统中处于学术评价标准末端的高等教育机构,或者是一个高等教育机构中最不需要以学术标准来获得资源的部门,这一点在中国表现得就很明显。民办高校的办学模式相比较于公办大学更接近于企业,而一个大学中的成人教育、继续教育机构或后勤部门,比其他的教学与研究部门更乐于接受企业式的活动,更乐于从事创业活动。事实上,高等教育大众化之后,高等教育体系日益呈现出多元化的局面,不同的高等教育机构承担着更加细分的办学功能,满足的是完全不同的社会需要。因此,一部分大学开始树立创业精神,从事创业活动,这也正是高等教育系统更好地满足社会,实现多元化发展的内在需要。

当然,并不是在学术体系中处于顶端的那些大学就本能地拒绝创业活动,尤其是当知识的商品化与高等教育活动作为一种服务的商品为人们所普遍接受的时候,对利益的需求直接促成了高等教育机构的创业意识。这里面有知识经济的整体背景,知识经济对知识在产业价值创造过程中的重要性的强调,一方面证实了高等教育所"生产"出的知识直接刺激了经济发展,也反过来使得高等教育的知识生产与传播活动具有了经济价值。在知识经济的语境下,随着科学知识继劳动力、土地和机器之后成为生产力的根本支柱,大学,尤其是能"生产"尖端科学知识与拥有知识产权的知识生产机构在社会中起到愈发重要的作用,而且随着专利权和知识产权与金钱之间的交换日趋合法、合理。也就是说,当向来清高的大学教授和大学的管理者考虑到他们的研究成果在市场上有着巨大的经济价值时,知识商品化就不可避免了,同时,教学服务也开始进入市场。提供专利权与教学服务成为一种新的专业活动,原来只是在课堂上讲授、无偿或廉价地为社会所使用的知识现在完全可以转换成有价值的商品。如亨利·埃兹科维茨所言，大学里正在兴起一种新的科学——创业科学。"创业科学不再以追求真理性认识、达到个性完善为目的，其研究目标的形成，不仅仅是出于知识本身的逻辑考虑，也是为了满足社会和自身的利益的需要。"①同时，当知识的经济价值在实现了社会科技产品的丰富和满足了企业对利润的追逐的时候，也给了大学中的科学家型的教授们更大的刺激。"把经济价值引入科学，源于科学家成功地获得了资金和后勤资源，以达到他们的目标——被证明过的知识的延伸。正如科学家通过出版物赢得荣誉一样，他们积累资源（资金、实验室空间和助手）以提高生产力。"②

与此同时，教学服务活动正在成为有利可图并通过全球高等教育服务贸易获利的行为。现在，人们已经习惯了讨论全球性的高等教育服务产业、高等教育服务市场。市场已经不仅是一个影响高等教育的重要因素，而且是高等教育必须生存的环境了。一旦进入市场，高等教育生存的法则与发展的逻辑就必须考虑市场的规律与法则，其内在的发展逻辑与学术自由、自主等原则也必须与满足市场需求、追求利润等原则相妥协。"在市场之外的一切东西只有使用价值，而进入了市场狭窄之门的一切东西便获得了交换价值。"③联合国教科文组织的一位官员在 2002 年巴黎第一次全球国际高等教育质量保证、审核与资格认可论坛上发表了一篇题为《汽车、香蕉、课程、学位——高等教育与全球化的 ABC》的文章，阐述了高等教育在经济全球化的作用之下，在市场规则无孔不入的力量作用之下，已经成为一般的日常生活用品，可以进入市场并充分在市场运行的规则下进行交换与贸易。"假设高等教育不在市场中，或者高等教育不存在贸易，都是无意义的。"④在这种条件下，高等教育的教学活动与企业、企业家们的创业活动有着许多相同的背景。

当然，这里还有一个不得不提的、促进了创业理论从企业组织向高等教育机构

---

① Etzkowitz H. The evolution of the entrepreneurial university[J]. Technology and Globalization, 2004,1(1):64-77.

② 埃兹科维茨.麻省理工学院与创业科学的兴起[M]. 王孙禺，袁本涛，译. 北京:清华大学出版社, 2007:179.

③ 布罗代尔.资本主义的动力[M]. 杨起，译. 北京:生活·读书·新知三联书店,1997:12.

④ Daniel J. Automobiles, Bananas, Courses, Degrees:An ABC of Higher Education and globalization [EB/OL]. http://www.unesco.com,2000-07-12.

迁移的宏观力量,那就是政府与大学关系的变化。在高等教育大众化之后,伴随着大学知识与教学活动的商品化,政府提供给高等教育机构的经费也开始减少,这直接促成了大学为获得办学所需的资金,不得不像企业一样计划着自己的活动,努力从组织中挖掘出能转换成资金的项目。如何在公共资金减少的前提下完成容纳更多的学生和更复杂的任务,成为大学接纳创新精神的外在推动力,"这是大学创新精神的关键一步"。① 从另外的角度看,这也是创业精神迁移至高等教育机构的最后一步,因为这一步在法理上给了高等教育机构创业的合法性。自此以后,大学对创业精神的接受成为知识经济时代的一个世界性现象。

大学的创业活动、创业型大学的出现、高等教育机构自身成为一个创业者,这些都与"象牙塔"的传统形象大相径庭。创业,颠覆了高等教育机构的历史形象。

三、多元化功能视野下的大学创业活动

在大众普遍认可了创业与创业精神在"象牙塔"中的合理性与合法性之后,虽然并不是所有的高等教育机构都接受创业这项任务,也并不是高等教育机构中的所有部门全部接纳创业精神,或者说企业家精神对本部门的适用性,但是,在高等教育系统中,我们已经可以清晰地看到创业精神与大学的学术传统一起得到了认可与发展。大学在坚持传统的科研与教学的同时,也开始像企业面向市场需求推出新产品一样,将知识与服务商品化。在高等教育系统中较迟出现,但却代表了某种方向的营利性大学,与其说它们是一个传统的大学,还不如说它们是一个公司。至少,在1996年美国的菲尼克斯教育集团成功上市之后,已经没有人怀疑大学可以公司的方式生存与发展。"营利性大学依靠开设市场需求高的课程、不开设没有市场需求的课程的手段,把资源集中在使自己保持持续发展和扩大生产的方面,而这两个方面对实现经营营利企业所需要的规模经济来说非常必要。营利性大学由于把自己定位在确保学生需求和毕业生雇主需求的市场中,因此它们能够保证自

---

① 克拉克.建立创业型大学:组织上转型的途径[M].王承绪,译.北京:人民教育出版社,2003:172.

已源源不断的巨大收入,而这些收入是可以预测的。"①虽然非营利性大学从政府那里获得大笔的资金,无须费力思考如何通过出售课程与教学服务来赚得足够的收入以维持大学的运转,但是从投资的角度看,这些以企业的方式运转的大学似乎更有效率。或许,当大学的评价从以学术与教学质量为基准转向以收入为基准时,那些不考虑市场需求的大学,不屑于像企业一样思考投入与产出的有效比的大学,可能会排在较后边的位置。

值得注意的是,这种从创业的角度评价大学的趋势正在被越来越多的国家接受,并影响着越来越多的高等教育机构。在美国这样的创业型国家中,以公司形式存在的高等教育机构的数量正在增多,所提供的教学服务与科研服务质量也正以企业的方式取得改进。而且,越来越多的非营利的高水平大学也正在加入这一行列中。按美国学者乔治·里茨尔观察美国社会生活时所使用的名词来描述,美国的大学正越来越趋向于"麦当劳化"。而之所以"麦当劳化",目的是使大学能像一个企业组织一样具有创业精神,更好地创业。关于这一点,马丁·特罗在讲到大众化之后的高等教育的教育模式从"软管理"向"硬管理"转变时的观点,可以说是一个非常贴切的解释。"所谓软管理就是把高等教育看作自治的活动,受到自身规范和传统的支配,有一套有效和理性化的管理手段,服务于学术团体自己确立的组织功能。而硬管理试图通过资助方式或其他方式从学术机构以外引入责任机制,改变高等教育的活动和目标。管理机制的改变很大程度上是为了迎合商业企业的需要。"②公司文化与商业管理模式这些源自创业领域和象征着创业精神的因素,正在成为高等教育机构中的新组成部分。创业精神成为大学所需要的精神文化组成部分,创业活动成为教学、科研和服务社会之外的第四项功能。或者说,教学、科研和服务社会这三个传统的功能都可以从创业精神的角度加以重新解释,利用这些功能都可以展开创业的活动,可以为大学创造新的价值。可以断定,创业已成为审视大学功能的新视角,这从创业视角与传统视角的不同之处以及创业视角对于大学功能的多元化现实更清晰的审视之中可以看出。

---

① 鲁克.高等教育公司:营利性大学的崛起[M].于培文,译.北京:北京大学出版社,2006:78.
② 侯定凯.高等教育社会学[M].桂林:广西师范大学出版社,2004:156.

在传统上,高等教育理论领域对于大学功能的论述基本上有三种类型。第一种类型,从社会学的角度出发,认为高等教育的功能分为育人功能和社会功能,可称为一维价值选择模式观。第二种类型,从社会实践的角度,以高等学校的活动为出发点,认为高等学校具有培养人才、发展科学和为社会服务三大职能,可称为二维价值选择模式观。第三种类型,从教育哲学的角度出发,认为教育价值观外现为教育的功效目的,高等教育的功能与高等教育价值观密切相连,可称为三维价值选择模式观。[①] 高等教育是个复杂的系统,不同类型的大学、不同水平的高等教育机构承担着不同的社会功能,而且,研究者从不同的角度确实可以得出不同的大学功能观,要想以某一种大学功能观来衡量所有大学势必是难以完成的任务。但是可以看出,不管哪一种功能观,迄今为止,对于大学功能的叙述与论述基本是以对象和目的两个视角相互交错的方式来选择和组织有关大学活动的现象,并对大学的功能进行解释的。

传统审视大学功能的方法是从大学在发展过程中所具有的目的及其目的增加的角度来展开的,是从大学作为一个组织所表现出的活动性质来认识大学的功能的。从最初的中世纪以教学为主要任务的大学,到洪堡的教学与研究并行的大学,再到威斯康星理念影响下的服务社会的大学。在功能认识上,传统的观点认为大学具有三个基本职能:教学、科研、服务社会。也有学者认为文化是大学的功能之最,比如,"高等教育的文化功能有文化的选择、传递、传播、保存、批判、创造等。其中,对文化的选择,高等教育比其他教育的作用更为深远;而对文化的批判与创造,则是高等教育区别于其他教育文化功能的主要方面"。[②] "因而,个性发展与文化积累都是高校应承担的社会职责,个人与文化应该成为高校社会职能的双起点,从此出发,高校的社会职能应包括以下三个方面:培养人才,发展个性;文化创新与文化内化;社会批判"。[③] 有人甚至认为引领文化是大学的第四功能。大学作为引领文化功能的载体,是大学其他三大功能,即培养人才、创造知识文化和越来越直接

① 邬大光,赵婷婷. 也谈高等教育的功能和高等学校的职能[J]. 高等教育研究,1995(3):27-31.
② 潘懋元,朱国仁. 高等教育的基本功能:文化选择与创造[J]. 高等教育研究,1995(1):55-58.
③ 邓耀彩. 个人与文化:高校社会职能的两个出发点[J]. 高等教育研究,1995(1):23-27.

的社会服务共同作用的结果。① 显然，这种视角是以中世纪大学的产生为起点，以其传授内容范围、服务社会领域的增扩为主线进行论述。从中世纪大学诞生到现在，从单纯以传授知识为目的，从而以教学为其主要功能；到德国大学将科研作为大学存在的同等重要目的，从而具有了教学与科研并重或以科研为主的功能；再到以美国为代表的以服务社区为目的的大学出现，增加了服务社区的功能；至现代，大学由于其目的的多样化，其功能也集教学、科研与服务于一体，人们对于大学功能的认识也不再局限于三个基本功能，开始有了对"第四功能"的认识。而这个"第四功能"可以是"引领文化"，也可以是其他的功能。有学者就认为："大学有没有第四功能？ 何谓大学的第四功能？ 如果大学的'三功能说'能够成立，那么什么才是可以和教学、研究、服务并立，且的确是反映了现代大学趋势的'第四功能'呢？ 我们认为，这就是现代大学的文明与文化交往（communication）功能。"②按这个思路，大学还可以具备第五功能、第六功能……

在现实中，现代高等教育系统的功能已经不可能用简单的数字加以描述了，随着系统自身的复杂化和人类社会生活对知识的依赖，以知识为活动核心的大学，它的功能只能从多元的角度进行观察。但有一点是确定的，不管高等教育的功能如何多元化，都是建立在社会对大学的重视与依赖程度与日俱增的基础之上的。尤其是高等教育在经济竞争领域的意义，"近日出版的美国《新闻周刊》国际版撰文指出，随着国界的开放，大学正在变得越来越全球化，突破教书育人的同时，成了国力竞争的工具"③。

也正是在这个意义上，现代的一些大学开始与工业企业进行合作联系，把自己拥有的知识产权与专利技术辐射到企业生产中去，而企业也重视寻求与大学合作以解决生产中的实际问题的机会，产学双方开始紧密接触，在政府的推动下，这种企业和大学的合作得到进一步加强，当研发、相互提供服务等合作内容越来越丰富的时候，我们可以预见，这种合作最终会以大学创业为结果。以大学为中心的教

---

① 赵沁平. 发挥大学第四功能作用　引领社会创新文化发展[J]. 中国高等教育,2006(15):9-11.

② 章仁彪. 走出"象牙塔"之后：大学的功能与责任[J]. 复旦教育论坛,2005(3):40-44.

③ 戴正宗. 大学功能在急剧嬗变[N]. 中国财经报,2006-08-19(4).

育、科研和生产联合体,形成了依托于大学的高科技密集区和大学科技园区,它们将是审视大学多元化功能的重要领域。世界各国的高等教育机构都在将以著名的斯坦福大学为中心的"硅谷"作为自己的发展目标与标准模式。这种模式,直接说明大学的发展进入了一个新的历史时期,大学已成为高技术产业化的中心,大学自己就是一个巨大的高科技企业,大学从而由教育、科研和服务社会这三个基本功能中发展出了创业的功能。

更为重要的是,以功能多元化的角度来看大学的创业活动,它就具有了必然性。大学以企业的方式发展高科技产业,创造价值是企业和高等教育机构生存发展的共同迫切需要。一方面,对于现代企业来说,竞争日趋激烈,尤其是在现代生产条件下,企业的核心竞争力在很大程度上本身就是建立在科学技术基础之上的。企业之间的竞争开始从生产与市场环节前移至研究和知识创新环节,因此,企业必须依赖于作为技术创新源头的知识创新,才能不断提高产品的竞争力和市场开拓能力。就算在美国这样的民间科研机构高度发达的国家,高新知识创新的基本来源仍然集中在高等教育机构中,尤其是那些处在世界顶尖水平的著名大学中。企业为了自身的生存和发展,离不开高校提供的、企业急需的高科技成果和人才服务。几乎现代社会中所有的优秀企业都非常重视且积极参与同高校的科研合作,以巨大投入来支持大学的研究活动,注重挖掘和利用大学的潜在优势来提高自己的竞争力。另一方面,企业对大学在科学研究开发中的巨大支持和投入,在有效地推动了大学高科技产业化功能扩展的同时,也激发了大学的创业意识。因为在市场经济条件下,高校也同样置身于激烈的竞争环境中,迫切需要通过扩展功能解决办学等资金问题。现代大学规模越来越大,所需经费已经是一个仅靠政府拨款不能满足的天文数字。可学校办学条件的改善和教育质量的提高,以及学术水平的提升,都需要经费。那么,一方面,通过出售专利或知识产权,可以从企业界得到支持;另一方面,由大学内部人员直接组建公司,生产高科技产品,也同样可以带来所需的经费。

当大学看到它活动的核心因素即知识在现代社会中具有如此巨大的经济价值,并且自身可以像企业一样进行创业活动,或者从系统中分离出部分人员直接成立公司进行创业活动时,创业精神就在"象牙塔"之中与传统学术价值奇迹般地结合在一起了。对于这种组合，学术创业精神这个词再好不过地说明了这种现象。"是否存在这样一种转变，社会将更加热衷于将基于大学的研究商业化。大学可以从商业化的研究中学到许多经验。当然，现有大学体系中的许多因素可能会阻止这种学术创业精神，但是，至少在将学术知识商业化的过程中，学术创业精神是一条通道，一条将大学的研究转化成公共产品与服务的通道，大学的文化也将变得更加复杂。"①

---

① Braunerhjelm P. Academic entrepreneurship: social norms, university culture and policies[J]. Science & Public Policy, 2007, 34(9):619-631.

第四章 学术资本主义：创业型大学的内在动力

在知识与经济利益尚没有直接发生联系的 20 世纪的大部分时间,人们一直在讨论高等教育要不要与市场发生某种联系,持传统高等教育理念的人士一直在拒绝商业文化与学术文化的联系,认为商业文化会损害大学的理念,从而造成大学的堕落。不过,市场的力量仿佛难以阻挡,历史证明了高等教育完全可以与市场文化很好地融合在一起,虽然还是有很多冲突存在,有时甚至会是激烈的冲突,激烈到足以重新让人们思考学术文化与商业文化的冲突这个原始问题。但事实上,在今天的高等教育系统中,问题已经不再是如何抵抗市场,而是两者如何更好地融合在一起,以实现高等教育更好的发展。高等教育的发展到了现在,正呈现出一种前所未有的复杂景象,市场的价值导向与高等教育的传统理念交织在一起,已经很难从某种高等教育的活动中将市场彻底地分离出来了。在高等教育进入市场并且适应了竞争规则的同时,高等教育机构自身出现了变化与创业的趋势。人们开始使用诸如"高等教育市场化""创业型大学""大学中的公司文化"等词语,这些新词语在解释高等教育的理论话语中占有越来越显要的位置,而这些象征了高等教育新发展方向的词语,还与另一个重要的词语即学术资本主义联系在一起。

一、从"象牙塔"中的知识到市场中的知识

要了解学术资本主义,必须要从当代社会中知识的本质说起。因为学术在本质上是知识的呈现形式,而知识的性质直接决定了学术的性质,尤其是大学中那些高深的、只有处在研究室中的少数人能够解释的知识。当知识只是以一种讲课的方式由教师在课堂上传授给学生,学生则把这些知识当作学习材料,当他们登上理

性殿堂的阶梯时,知识就可能以一种非常安静的方式在一代与又一代人之间传播,成为文化的一个必然组成部分。但是,在知识驱动的经济面前,大学里的知识,尤其是研究成果,就不一定仅仅像往常一样平静、毫无争议地在课堂的师生间传播了。"在知识经济中,知识就是金钱有可能将会梦想成真。因而,新知识的发现与研究的发展成为跨国公司将注意力集中于大学的动机。不过,这些跨国公司之所以将注意力集中于大学,并不是它们真的对科学研究或科学技术本身产生了学习与研究的兴趣,而是它们从这些研究与技术中看到能让它们在市场中获得利益的产品。"①在知识经济的浪潮中,这些公司与企业,以及它们的首席执行官,在精通资本世界的游戏规则的同时,也看到并试图把握"知本",于是开始创造新的游戏规则,原来尘封于大学"象牙塔"之中无人问津的研究成果、专利技术,通过企业家们独到的眼光变成了闪闪发光的金钱。

对于大学来说,这种转变是一个极其重要的变革的开始。我们先从最早的知识形式来看,毫无疑问,在大部分时间里,知识是远离市场与商业的,而且人们评判知识的价值是以知识与日常生活实践的距离为标准的,遑论与市场的关系。"自柏拉图以来,人类的知识便在价值形态上分出了级别。这种级别在亚里士多德那里分成了不可对话的阶梯层次:日常操作所需的知识处于最底部,处在最高点的则是真理知识,后者高于日常生活的实践知识。"②这种信念发展的结果便是日常知识因其卑贱而从知识体系中被排斥出去,那些市井中流行的知识更是无法入大雅之堂,而所谓的知识则成为对高级知识乃至最高知识的专称,是绝不会与商业、市场价值有任何联系的。亚里士多德对于知识的这种分类在中世纪被宗教哲学家们重新发现并加以系统地发挥与利用,以便服务于神学的知识体系。如果将古希腊学园之类的机构看作是当代高等教育的前世,在知识的源头,显然没有知识与市场的任何联系。或者说,这个时候的知识,在古希腊的学园里,"知本"不是"资本",甚至,两者是相冲突、相互排斥的。市场中没有知识,知识也绝不会进入市场,知识更

---

① Jarvis P. Universities and Corporate Universities:The higher learning industry in global society[M]. London:Kogan Page Limited,2001:50.

② Steiner E. Methodology of Educology[M]. Bloomington:Indiana University Press,1988.

多地存在于政治与意识形态的场域中。

不过,古希腊的学园毕竟不是真正的高等教育机构,"象牙塔"的美誉也并不是指亚里士多德讲学的阿加德米。当我们对知识与市场关系的分析回到中世纪的大学这个高等教育组织的真正源头时,却另有一番不同的景象。随着资本主义的兴起和自然科学的崛起,以及实用性技术知识在人类社会生活中重要性的增加,知识整体的性质开始发生了变化。知识与市场的关系也随之发生了变化,一些新的景象开始出现,这些新的景象在中世纪的大学里展露无遗。与我们今天对"学术自由、学术自治、为知识而知识"的大学理念的怀念相比,在历史上最早的大学、最早的高等教育机构那里,知识并不显得那么神圣,完全是一种知识与市场关系,甚至比今天的那些"创业型大学"还有过之而无不及。

以波洛尼亚大学为例,这所世界上最早的大学之一,它最初的生存方式完全超乎了今天的人们对大学校园中的所谓"高等教育服务"概念的想象。对于目前社会上提供"教育培训"的经营者来说,这种状况甚至都是足以让他们吃惊的,或许下面这一段描述中世纪大学的情形可以给大学管理者一定的启发。"在早期,学生的学费是教师们全部的生活来源,教授不得不接受约束,按照一套详细的规则行事,以保障每一个学生所支付的学费都有所得。在一些最早的条例中,我们都可以发现这样的规定:教授没有请假不得擅自离开,即使一天也不行;假如他想离开镇上,就必须交付押金,作为回来的保证;假如在一个常规的讲座中,听讲的学生少于五个,教授会像不上课一样被开除……"[1]在这样的课堂中,学生需要教授讲授的多是与当时正在兴起的资本主义生产方式相对应的法律与会计知识,以及能够让他们更好地谋生的医学知识。或者说,中世纪几乎所有大学都是资本主义生产方式在知识生产方面的必然反应,是市民社会反对封建教会社会在知识需求上的组织反应。显然,我们现在对大学中教学自由、学术自由、教授治校的回忆,已经被过滤掉了某些真实的东西。而之所以会过滤掉大学中的知识与市场的这种直接的关系,或许是因为在大学的历史进展中,这种关系的存在时间太短,没有像柏林大学所倡导的

---

① 哈珀金斯.大学的兴起[M].梅义征,译.上海:上海三联书店,2007:6-7.

教学自由、研究自由一样成为一种传统；也或许是因为这种以出售教学服务的大学形态出现得太早，与社会对大学的需要不相符。

就算波洛尼亚大学现象只是一个特例，但是，在那些能引起我们对大学极具浪漫色彩的、充满诗意的、没有一丝铜臭味的回忆里，也不是没有知识与市场的联系的。相反，在历史发展过程中那些不遵循市场需要的大学都消失了。确实，19世纪以前的社会中，神学与宗教哲学作为解释人类生活中的物质与精神的唯一合法知识具有不可怀疑的地位，而这类知识的持有者，即以牧师为代表的知识分子，其既得利益是与传播、捍卫这种知识体系的合法性相联系的。因此，虽然有波洛尼亚大学这种以学生需要为中心，以学生对知识的需求市场为基本起点的大学的存在，但更多的时候，是那种强调形而上学知识的课程与教会大学居多数，以破除神学迷信为根本特征的自然科学知识与以伽利略、布鲁诺、哥白尼等为代表的新知识、新利益的代表者是根本不可能在当时的大学中传播新类型的知识并获得以工商业生产方式进行的新利益的。但要注意的是，随着柏林大学、巴黎大学的兴起、发展与教会大学的衰落，这种对工商业生产所需知识的排斥直接证明了不同于波洛尼亚的那些教会控制的大学在不接纳新型市场型知识的同时也消解了自己存在的合法性基础。

柏林大学、巴黎大学虽然完全不同于波洛尼亚大学，它们是以教师为中心的大学，也是与中世纪的教会大学不一样的大学。它们所传授的知识内容，不再仅仅是宗教经典与道德典籍，更多的是自然科学知识和实用型技术知识，而这些知识是资本主义经济生产迫切需要的。从这个角度上看，正是与市场、商业利益有着紧密联系的知识在大学中的存在，才得以重新确立大学的合法性基础。在这个意义上，高等教育最早的原型就是以知识与市场的联系为其合法性基础的。

这种合法性基础，在中世纪之后的高等教育发展历程中得到了更为清晰的展示。在文艺复兴带来了资本主义的精神准备以及资本主义工商业在经济与政治制度上获胜之后，中世纪大学传播神学等形而上学知识的目的与功能的合法性基础彻底瓦解。新知识背后所隐藏着的巨大经济利益力量推动着历史的潮流。在英国，在美国，在欧洲的其他国家中，由于资产阶级革命的胜利和工商业的发展，自然科学知识在大学里成为不可或缺的内容,掌握这类知识的新型学者在大学中的地位由于他们对经济发展可能作出的巨大贡献而得到巩固与发展,研究自然科学的学者与技术专家型学者的地位与之前相比也不可同日而语。研究新知识并运用于改善生活、创造更大的经济利益成为大学存在的目的之一,与市场、商业利益有着紧密联系的知识在高等教育中的地位显著提升。

20世纪的后半叶,由于工业化生产方式的进步与市场经济的迅猛发展,这种情形得到更加顺利的进展。那些能为企业直接创造利益、为人们提供更多的日常生活便利的科学知识,成为大学知识体系中的"皇后",改变了在历史上的"奴婢"地位,取代其"奴婢"位的是曾经一度排斥知识与利益联姻的"皇后"——人文知识与形而上学的内容。当"走出象牙塔"的呼声日益高涨的时候,知识商品化的时代也就随之而来。虽然人们不断反思着人文知识的衰落所带来的"工具理性"的偏颇,但是社会衡量知识不再按亚里士多德的等级标准,而更多地倾向于按知识在创造物质财富上的功用标准了。尤其当知识经济的概念甚嚣尘上时,知本与资本非常复杂地交织在一起,"象牙塔"中的知识与市场中的知识有着紧密的联系,大学与市场的对话日趋紧密。

不过,厘清知识与市场在高等教育系统中的关系是一个方面,高等教育理念中为了知识而知识的传统与人们对传统大学理想中那种世外桃源式的怀念和对当前大学对经济利益的过分追逐的批判则是另一个方面。尤其是在20世纪末期,这种过分强调知识与市场的联系导致追求新知识与利润的倾向也同样受到质疑。在高等教育的市场化程度越来越高,学术与资本主义的联系越来越密切的同时,人们对于这种以强调市场与商业逻辑为标志的高等教育机构能达到的幸福程度感到担心。以利润为基本点的市场文化与以知识而知识的学术文化如何共处?知识与市场的问题,高等教育在其传统阶段可以很好地回答这个问题,因为那时还没有市场可言;但在知识经济时代,当"象牙塔"的知识足以驱动经济的发展并获取巨额利润的时候,市场力量对于高等教育来说就是一种意识形态力量。所以对于知识与市场关系的问题,答案之一可能是"学术资本主义"。

二、学术资本主义的含义①

"学术资本主义"这个词不是"学术"与"资本主义"两个单词意思的简单叠加，事实上，就"学术"与"资本主义"这两个词各自单独的概念来看，所涵盖的意思已经非常丰富了。而且，出于学术传统的悠久文化和资本主义作为追逐利润而不顾道义的不良象征，两者之间很难有机会联系在一起。因此，当这两个分别代表了各自不同的话语体系与价值规则的单词联结在一起时，尤其用以描述大学领域中发生的某种现象时，对高等教育就具有了极其重要的意义。学术资本主义颠覆了人们认知高等教育的传统习惯，开始思考用市场话语来解释高等教育场域中的各种现象。这个词除却它本身所具有的解释意思，还具有一种象征功能，象征着高等教育领域话语解释规则变革的开始。尤其是对于创业型大学来说，学术资本主义既是一种内在的推动力量，也是一种引领大学走向创业型大学的力量。

就"学术资本主义"这个词的产生来看，虽然它描述的仍然是学术与资本主义之间的关系，但最早的用途并不是指高等教育机构中的现象，而是指一种传统上的学术精神被资本主义侵蚀的现象。韦伯等学者曾描述过资本主义特有的价值观在渗透传统的社会生产方式之后，形成了一种国家的学术资本主义，即学术生产开始离开其自身的价值标准，而按某种类似于资本生产的方式进行自我复制与生产。在当代，学术资本主义一词不仅在高等教育中存在，在其他领域中也存在和使用。如在哈洛德·弗洛姆的著作《学术资本主义与文学的价值》中，作者用学术资本主义来指称这样一种现象："在最近几年，我们已经见证了一个不断重复的循环。在这个循环中，学术群体中的少数派经常会有这样的经历，一旦他们上升到主流地位，必然要有与他们以前所批评的人们所有的那种特征，以前，他们与其他少数派一样对现实世界中的这种主流文化进行着严厉的批评。但是这些少数派，就如同甜蜜的小型家庭作坊一样，曾经是如此纯洁且值得信赖，而当机会来临时，却变成另外一个虚伪的资本主义企业，开始了虚假的广告，有了模范绅士似的抱怨，阴暗

---

① 温正胞．学术资本主义与高等教育系统变革[J]．教育研究与实验，2011(2)．

的暗箱交易,以及所有其他的垄断资本主义所具有的相同伎俩。"①显然,"学术资本主义"一词在这里描述的是学术应有的独立价值被金钱与名誉所收买,具有贬义的价值取向。弗洛姆甚至认为这种丧失了学术批评的精神自由与独立性的现象,直接导致了当代文学批评的无力与虚伪。

"学术资本主义"这个词进入高等教育领域,从它本身描述的对象来看,特指政府、市场与学术三角力量平衡的一种变化,其基本指向是传统意义上的学术研究与学术知识正被资本主义这个强大的力量影响着。只是,在高等教育领域,学术资本主义这个术语并不如它在文学批评领域一样,是贬义的。在某种程度上,学术资本主义在高等教育领域所产生的影响完全不同于文学批评领域的影响。文学批评是一种具有完全象征性意义的建构活动,在它的任务与使命中,不存在任何与金钱、资产相关的东西,有的只是对人类精神活动的启示与批判。可高等教育机构不一样,自中世纪诞生以来,无论是教学、科研还是服务社会,它都具有多重性的任务与使命。纯粹意义上的象征性知识的生产是大学的使命,而通过科技创新改善社会的物质条件与人们的生活水平,也是大学的使命。如果粗略地从知识的角度进行分析,大学里至少有两类知识:一类是与文学批评一样的,自古希腊亚里士多德以来就一直在学园里讲授的知识,这类知识包括以人文知识为主的价值观判断、道德伦理、审美、哲学等内容;而另一类知识则是以自然科学为主的能够在生活与工作中发挥作用、创造财富的知识,包括发明与专利等。因此,当学术资本主义从文学批评这种象征性意义的知识来到象征性知识与商品知识共存的大学的时候,我们需要考察其指称对象的特殊环境。

众所周知,从 20 世纪中后期开始,迫于公共部门间的财政竞争,高等教育从政府那里直接获得的财政经费在发达国家都呈递减的趋势。随着政府模式从凯恩斯的福利主义模式向自由资本主义过渡,政府从原来大学最可靠的经费提供者慢慢地转为不可靠的赞助商。在英美等国,自 20 世纪 80 年代以来,政府拨款虽然在绝对数量上没有明显减少,但是因为高等教育大众化与普及化而导致的高等教育规

---

① Fromm H. Academic Capitalism & Literacy Value[M]. Athens: University of Georgia Press,1991: 210.

模的扩张，使得大学的办学经费日趋紧张，大学面临着从来不曾遇到过的财政危机。以美国为例，"自从 1989 年来，将近三分之二的高校重组了自己的行政编制，80％的高校减少全部预算，58％的某些部门减少了预算。……只有 31％的公立大学认为它们的总体财务状况优秀或很好，而私立学校作出这一评价的占 45％"①。政府对大学投入资金的大幅度减少，使得大学的多个运作层面受到了明显的影响，如学术人员工作负担、班级规模、课程数量、教学和科研工作的管理水平、用于科学研究和基础建设的资金投入数额等都受到了很大程度的影响。这直接导致了政府、市场与大学这传统铁三角之间平衡模式的变更。

变更的趋向就是政府与高等教育机构开始考虑通过市场这一途径更多地获得财政保障，这一途径也就是所谓在政府与学费之外的第三条途径。政府允许大学通过某些非常规活动，在市场中交换学术资源以获得部分办学经费。"为了生存，后现代的大学不得不变成高度多样化的公司实体，为广大的客户群服务，同时也通过与其他企业合作从事教学与研究工作来弥补其收入来源的不足。"②随着政府对高等教育资金资助的减少和市场机制的导入，高等教育机构中的研究者们不得不积极地投入商业活动中，诸如开设公司、充当企业顾问等，以获得更多的资金来完成原来依靠政府资助的研究任务。更多的则是高等教育机构作为一个主体，整体地进行价值创造来实现原来需要政府资助的发展目标。同时，这种"市场化生存"模式与公共资金的削减也使得政府与高等教育的关系逐渐朝向以间接关系取代直接关系、以引导取代控制。政府对待大学的方式越来越接近于政府对待企业的方式，大学也越来越像企业一样为"赚钱"而从事各种研究和教学活动。"为了保持或扩大资源，大学教师不得不去竞争那些与市场紧密联系的研究活动，这些研究明显是应用性的、商业性的、策划的，并且是目标明确的研究。这些研究经费的获得，要么是通过各种形式的研究资助或合同、服务合同、技术转让、与工业和政府的伙伴关系，要么通过招收更多的和价格更高层次的需付费的学生的方式。"③正是在这

---

① 古尔德. 公司文化中的大学[M]. 吕博，张鹿，译. 北京：北京大学出版社，2005：45.
② 埃里克·古尔德. 公司文化中的大学[M]. 吕博，张鹿，译. 北京：北京大学出版社，2005：45.
③ Sluughter S, Leslie L L. Academic Capitalism：politics, Policies, and the entrepreneurial university [M]. Baltimore：The Johns Hopkins University Press，1997：145.

个意义上,学者们提出了学术资本主义的概念,"我们称这些机构的和专业的市场或者为了获得外部金钱的市场似的努力为学术资本主义"①。

学术资本主义在本质上是指大学中的知识生产与传播活动不再受传统的为研究而研究纯学术导向价值的指导,而更多地受到外部社会经济资本,乃至市场信息的左右。

有研究者指出,学术资本主义是这样一种含义:"学术资本主义是指以公共资金资助为主的大学的学术群体,在一个竞争的环境中,通过教学、科研、咨询技术或其他学术知识的应用来发展其学术资本。学术群体的行为与资本家的别无二致。并且,学术群体成为国家所鼓励的企业家,因此,他们从好奇与探索奥秘为导向的学术转向了更为实际的工业研究。"②或者,在高等教育机构的层面,大学和其他高等教育机构是一个混合、复杂的经济组织,而不再是单纯的知识传播与探究的组织。"大学的运作是一个混合的经济体,副校长的角色已经成为大学的主要执行官,必须对董事会或大学的委员会负责;也必须承受精简和代表管理者的压力,结果造成大学教育不再那么强调集体与民主,而强调机构与个体的竞争的模式。"③

实际上,作为一种在经费减少的条件下,以类似于通过市场交换、为外部受益者提供特殊的科研服务来获取更多的资金的做法,早就引起了研究者的重视。"爱德华·J.哈克特在1990年的时候就使用'学术资本'这个词来总结学术性科学重要的结构性变化,并提到早在1965年以前,或更早的时候,韦伯就描述过医学和自然科学作为国家学术资本主义。"④而且这种对学术资本的探究与描述在20世纪的末期日渐增多起来。大学的特性发生了变化,学习与教学正成为一种在资本主义市场逻辑影响下可以购买的服务,大学研究出的专利产品同样可以在市场中待价

① Sluughter S, Leslie L L. Academic Capitalism:Politics, policies, and the entrepreneurial university [M]. Baltimore: The Johns Hopkins University Press,1997:173.

② Deen R. Globalization, New managerialism, academic capitalism and entrepreneurialism in universities: Is the local dimension still important? [J]. Comparative Education,2001,37(1):7-20.

③ Zilwa D K. Using entrepreneurial activities as a means of survival: Investigating the processes used by Australian Universities to diversify their revenue streams[J]. Higher Education, 2005, 50(3): 387-411.

④ Sluughter S, Leslie L L. Academic Capitalism:Politics, policies, and the entrepreneurial university [M]. Baltimore: The Johns Hopkins University Press,1997:174.

而沾,大学里的活动和企业家与商业活动没有什么质的区别了。

事实上,鉴于世界范围内对市场经济的广泛认同,高等教育领域在 20 世纪中后期的发展困境中开始想象市场规律的"神话"。在传统的高等教育运营模式不能更好满足时代变化的需要与人们日益提高的精神旨趣时,人们普遍认为引入市场竞争可以提高高等教育的效率,同时能更好地实现高等教育满足社会进步与个人发展的多样化需求。正如本杰明所指出的,在发达国家的教育改革政策中我们可以看到一些共同性的话语。比如:"将教育变革必要性的原因归之于经济的原因,如为了开发人力资源;对现行教育活动的低效率进行批评;期望能够在不加大经费投入前提下提高对教育的要求;期望借助于教育管理方法的转变来促进教育变革;教育市场化的认可,至少是认可准市场的开发;强调质量标准、责任和评估;等等。"①尤其是在传统国家主导模式下发展的高等教育系统中,政府正在逐步地退出高等教育管理的一些领域,让步于市场与竞争的力量,希望以市场规则来改造在民众心目中相对保守与官僚的高等教育机构。

三、学术资本主义与新经济

在了解了"学术资本主义"这个词所描述的现象之后,我们现在可以进一步讨论这个词对于高等教育与社会在象征之外的意义了。当人们开始使用"学术资本主义"这个词来描述和解释高等教育产业、高等教育服务市场、大学里的公司文化甚至高等教育的商业化时,高等教育机构已经走出了由高深知识与学术自由、学术自主为基本原则的世袭领地,市场规则无论是在高等教育外部生存环境还是高等教育系统内部都已经成为一个最重要的因素。资本主义这个市场文化的代名词,表现了高等教育一种全新的生存环境与崭新的面孔。学术资本主义象征着高等教育话语的转变,原来的学术话语时代已经进入市场话语时代。而一旦进入市场,高等教育生存的法则与发展的逻辑就必须考虑市场经济的规律与法则了,其内在的

---

① Levin B. An epidemic of education policy：(What) Can we learn from each other？[J]. Comparative Education,1998, 34(2):129-146.

发展逻辑与学术自由、自主等原则也必须与满足市场需求、追求利润等原则相妥协。在市场之外的一切东西只有使用价值,而进入了市场狭窄之门后,人们在考虑商品的使用价值的同时,还必须考虑交换价值。今天,在考虑大学的学术与文化价值的同时,有更多的人开始考虑大学的各种知识在新经济发展过程中的交换价值。而且,知识的交换价值在今天的高等教育领域已经变得越来越具有现实意义了,就如同今天大多数学生上大学是为了获得一个更好的职业和更高的薪酬一样现实。

不仅如此,对于美国这样的希望继续以科技创新引领世界经济发展的超级大国来说,学术资本主义不仅仅是高等教育领域内部的新现象,更是直接关系到在全球新一轮的知识与经济竞争中的位置的战略性变革。学术资本主义既表现在高等教育领域,是促使大学向创业化与企业化方向前进的内在动力;同时,鉴于大学在现代社会经济发展中的重大作用,推动创业型大学发展的学术资本主义,也是 21 世纪世界各国在新经济竞争中的重要影响因素。

那么,何谓新经济? 新经济与知识经济是什么关系? 为何将学术资本主义与新经济联系在一起? 一般的理解是这样的:新经济以信息技术为主导,以多门类的高科技产业为支柱,属于知识经济的范畴,是当代发达国家在高科技革命条件下发生的一次经济调整。在这个经济调整中,科技创新成为经济发展的核心。技术创新是新经济从知识经济中分化出来的关键要素。以美国为例,在知识经济的基础之上,随着信息技术和高科技的发展,不断创新的技术创造出持续而有力的需求拉动,实现了美国经济的新一轮持续发展。而以美国为代表的新经济,随着自身的成熟也影响着全球的经济发展。"如果说 18 世纪下半叶发端于英国的工业革命,是以新材料和新能源的创造性开发为技术表征的话,那么,20 世纪后半期在美国率先崛起的新经济,就是以知识与智力的历史性变革为其现代体制创新的内涵了。"[1]

新经济是美国实现其世界霸权的"救命良药",也是美国经济迅速发展的关键之处。20 世纪 80 年代,美国经济处于低谷,通货膨胀与国内消费能力的疲软使得美国的经济陷入了二战后最严重的危机。尤其是亚洲的日本,在经济上咄咄逼人

---

① 沈大勇.论美国"新经济"的本质特征[J]. 国际商务研究,2001(4):1-4.

的追赶与超越之势，使美国这个战后曾无限风光的经济与政治巨人感到了危机。1987年，美国出现新一轮的经济危机，华尔街股市狂跌，美国民众在可怕的"黑色星期五"中再次体验到了经济上的衰弱与无奈。尤其是当富得让人美国人艳羡的日本人购买了洛克菲勒总部大楼的时候，许多美国人都认为美国经济引领世界的时代已经过去，就如同英国这个曾经的"日不落帝国"退出世界经济与政治的历史舞台一样，美利坚合众国的王朝也将要土崩瓦解了。但是美国却没有重蹈英国的覆辙。在经过了一系列的经济政策调整之后，到了20世纪90年代，美国的经济居然奇迹般地从衰退中复活了，并且表现出前所未有的活力，领先世界经济的地位比历史上任何一个时代都更明确且稳固。自1991年4月开始，美国经济从经济危机中走出来，开始持续、稳定、较快地复苏和增长，成为美国有史以来持续时间最长的一次经济扩张。这就是美国的新经济。

在美国这次经济发展中，高科技是新经济的基础。可以说是美国的新技术革命直接催生了新经济，并使新经济增长迅猛。新经济是一种以高科技为基础的信息经济，是可持续发展经济，是充分强调了人类知识产品中精华的经济体。在知识经济的基础之上，随着高科技因素在经济形态中的含量不断提高，经济形态必然会飞跃到以知识技术、智力为主要资源的新经济形态。一般意义上的知识只是原材料，只有经过智力加工过的知识，才是有价值的商品。从全球的视野来看，在即将到来的全球性的新经济时代，随着高科技在社会各个领域的渗透和扩散，人类活动的领域将得到极大的拓展。人类将摆脱传统的束缚，突破地球资源的限制，靠自己的智慧主宰自己的命运。在新经济时代，高科技的信息成为一种重要的生产力，推动着人类社会的发展；高科技的生物工程作为一种新生力量，直接导致农业、医药卫生、食品工业和化学工业革命，推动着新经济的进步；高科技的新材料作为新经济的里程碑，重构新经济的材料基础；高科技的新能源缓解了人类因资源短缺而造成的忧愁。作为新经济的火车头，高科技为人类社会可持续的发展发挥着重大作用。值得注意的是，专业化高科技知识涉及众多的科技专利和知识产权，它们非但自身具有报酬递增的特征，而且还能够使劳动力和资本的要素投入同样实现收益递增。

因此,新经济是知识与经济更高级融合的产物。何为更高级的融合? 我们可以从知识经济中知识的概念出发加以理解。众所周知,目前我们所讲的知识经济是经济合作与发展组织(OECD)最早界定的,其本义是:以知识为基础的经济。"这里所说的知识概念是一种动态概念,详细地说,知识经济就是建立在知识的生产、分配和使用基础之上的经济。这里所讲的知识生产也就是知识创新,人们在社会实践和生活实践中产生新知识;新知识产生后又因社会生产和生活的不同需要分配于各个领域,加以使用、消费,知识的分配、使用、消费也就是知识的扩散过程;在知识扩散过程中又会产生新的知识,又是一种知识创新,即知识再创新。知识创新是全面的创新,包括技术创新,思想创新(思维创新、决策创新、领导方式创新),企业产业结构创新,市场创新,管理创新,组织创新,制度创新,等等。"[①]由此,知识经济中并不是所有的知识都可以成为经济增长的要素,而是要实现知识的深加工与创新,在知识的加工与创新过程中,实现知识本身的价值,也使得投入其中的资本要素得到效益递增。

而这种知识创新,以一般知识为原材料的高级知识加工活动,与高等教育有着密切的关系。"在信息社会中,知识是需要被转换成产品、过程或服务的原材料。大学被看作是最可靠知识的来源,它们以知识为原材料进行知识创新的地方,它们处在创建全球新经济的过程之中。"[②]以通俗的话语来表达,即"新经济与高等教育究竟是什么样的关系呢? 高等教育是新经济发展的重要依靠,因为新经济的基础是知识的创新、传播和使用,而高等教育又是知识传播、创新及推动知识应用的重要力量。"[③]在这个过程,高等教育机构直接将自己的研究成果作为知识创新的成果,以专利的方式转让,或者直接成立自己的公司,把研究成果转化为产品、服务。显然,如果高等教育系统中的各类大学仍处在传统的知识生产与传播模式中,这些知识创新的成果就不会以产品的形式出现在市场中,也就不具有交换价值了。那么,一方面,研究者将得不到积极的市场反馈与物质奖励,从而在研究与知识创

① 卢继传. 试论新经济的内涵与影响[J]. 经济问题,2000(10):3-7.
② Slaughter S, Rhoades G. Academic Capitalism and the New Economy: Markets, state, and higher Education[M]. Baltimore: The Johns Hopkins University Press,2004:15.
③ 李金贵. 新经济与高等教育关系探析[J]. 宁波大学学报,2002(10):10-12.

新上缺乏动机;另一方面,由于这些知识创新的成果没有进入流通领域,政策上也没有专利与版权的保证,它们对于人类物质生活的改善与精神生活的贡献将得不到及时的体现。而恰恰是高科技与信息技术,具有比以往的物质资源与人力资源更能产生效益的特征。一项新的技术革新在经济上的效益可以比投入大量的人力、物力产出的效益要高很多。学术资本主义不仅为大学创造了可观的经费,促进了大学进一步的研究与创新活动,也为经济中的技术更新与生产率的提升作出重大贡献。"学术资本主义理论关注的是一个网络——知识、创新、扩大的生产能力与精神消费欲望。……新的投资,大学共同体的市场与消费行为都与新经济捆绑在一起。大学很难从新经济中分离出来,因为它对新经济的贡献极大。"[1]

在学术资本主义的大学贡献于新经济的过程中,最典型的方式莫过于以公司的形式实现的创业化活动了。或者说,大学作为知识创新成果的最集中组织之一,以公司的形式,凭借创业的精神,将学术资本主义与新经济紧密地联系在一起。"在新经济中,高科技公司以高级知识为原材料,并通过法律的手段拥有对这些知识的所有权和在市场中销售的权利。同样地,大学与学院也通过这种资本主义的方式来对待知识,并且不同于公司保持个人的知识产权,比如书籍与专利权,还可以直接将自己的教学与研究活动商品化,注册商标,成为一个不仅提供知识创新产品还同时可以提供知识创新过程服务的公司。"[2]当然,在新经济与学术资本主义的关系中,最关键的一点是莫过于受新自由主义观念影响,大学作为公共产品福利主义观点正在消解,大学的研究成果虽然是由政府提供经费支持的产品,但并不归全体纳税人所有,而是归公司与大学的发明者所有,学术资本主义改变了知识与学习的既有体制,直接刺激了新经济。

---

① Slaughter S, Rhoades G. Academic Capitalism and the New Economy: Markets, state, and higher education[M]. Baltimore: The Johns Hopkins University Press, 2004:16.

② Rhoades G. Capitalism, academic style, and shared governance[J]. Academe, 2005, 91(3):38-39.

第五章 "市场化生存":创业型大学的生存方式

　　学术资本主义已经是大学无法否认的现实,以创业的方式保持大学的发展和为新经济发展提供知识创新的动力也是 21 世纪大学不得不面对的任务。今天的大学,虽然政府的投入仍是其最主要的办学依靠,但无论是在对绩效的追求上,还是在更好地改善教授们的研究条件与学生的学习条件上,都必须学会如何在市场的游戏规则中生存与发展。对大学的传统生存方式抱有美好回忆的人总是觉得,大学似乎应该与市场保持尽可能远的距离;大学可以满足社会的合理需求,但不能迎合社会的欲望,以此保持"象牙塔"的美誉和学术传统。确实,在很多人的脑海里,一讲到大学,其景象总是轻松、浪漫且充满书香气的,尤其是越来越多的创业精神、企业文化在大学中与学术自由、学术自治一起成为主旋律,从而使人们对今天的大学文化倍感失落的时候,这种感觉就更为强烈了。不管是作为学生、教师还是管理者,抑或用人单位,已经越来越认同一个事实:大学的生存环境在 21 世纪已经发生了很大的变化,大学里的许多事情需要在"市场化生存"的现状中寻求新的合法性基础。

一、"市场化生存"

　　现在,差不多每一个大学都不得不面对如何在国内与国际的高等教育市场中相互竞争的挑战了。从招生面对的生源竞争,到教学过程中必须将学生视同"顾客",并以较高的就业率和良好的教学、科研绩效来争取国家的拨款,再到接受社会对大学的排行与评价以获得较高的声誉与知名度等,今天的大学的每一项活动都不得不考虑市场的因素。如果说传统的高等教育的生存状态是学术化生存,那么,从学术开始与资本主义产生紧密联系的那一刻开始，从学术资本主义不再是一个刺激高等教育人士神经的词的那一刻开始，高等教育就进入了一个崭新的"美丽新世界"——"市场化生存"的时代。

如果说，在与资本与市场联姻之前的高等教育还是生存在一个相对封闭、以延续了多年的传统规则实现学术化生存的环境中的话，那么今天，当学术资本主义直接将知识创新与传授知识的活动与商业价值联系在一起的时候，高等教育不可避免地进入了"市场化生存"的时代。尤其是在知识经济与全球化联系的冲击之下，高等教育所面对的不仅有一国之内的"市场化生存"挑战，还有全球性的"市场化生存"挑战。在以知识经济为宏大叙事背景的挑战面前，高等教育需要以一种产业的积极姿态参与到市场的生存竞争中去。

值得注意的是，这种参与并不是新出现的现象，而是在某种程度上使得早就孕育在高等教育系统自身内部的了。在美国这样善于制度创新的国家里，市场意识和从市场中获得大学办学的方向与学习传统一样，使得市场文化本身也成为大学传统的一部分。"自 19 世纪开始，北美国家就深信高等教育必须是务实的，是与产业发展相连的，并为企业教育出优秀员工。而欧洲学校的传统目的固然是增强知识本身，但由于劳动力市场的转变，使得欧洲学校不得不调整教育的宗旨与方向。雇主及雇员对于劳动市场的共同期望使得学术与产业的关系重新调整，大学希望能为正在发展中的生物科技、电脑科技以及环境等产业培养出专业人员。"[①]只不过这种务实的特征，在知识经济这个市场话语宠儿的推动下，在新经济特征日趋明显的背景下，在高等教育国际化与全球化过程中，发展到了一种纯粹的"生意"的地步。

在国家层面上，OECD 的成员国中，每年通过接收外国留学生所获得的学费收入已经成为一项重要的产业。高等教育服务贸易是一个正在形成的、有着巨大利润空间的市场，众多的高等教育机构就在这样的世界高等教育服务贸易与竞争的市场中生存并发展着。尤其是发达国家的高等教育系统，非常乐于接纳这个"市场化"了的美丽新世界。这个新世界对处于世界知识体系顶层的它们而言，确实是

---

① Dian N. The Future of Education in a Season of Change[M]//Holger Daun. Educational Restructuring in the Context of Globalization and National Policy. New York：Routledge Falmer Press，2002：203.

"美丽"的,因为它们在全球高等教育服务产品的竞争中处于优势地位。在高等教育机构层面上,大多数高校现在都把自己看作是一个必须学会像企业般经营的机构,它们相信自己是在高等教育市场中发展的创业者,必须随时研究自己所提供的教育服务是否能满足学生与社会的需求,那种强调大学的独立价值、远离社会需求、否认市场动力与大学价值相一致的做法,已经不为人们所欢迎。

当然,"市场化生存"这个"美丽的新世界"对于创业型大学来说并不是一个绝对轻松的休闲场所,在这个"新世界"中,作为高等教育机构的创业型大学与跨国公司相比,需要学习的东西有很多。不管是发达国家中由研究型大学转变而来的创业型大学,还是发展中国家的高等教育系统中以出售廉价的教学服务和进行校企合作为目的的创业型大学,"市场化生存"必然会要求创业型大学接受市场规则的驱动,学术文化可能要服从商业文化,这必然会引起商业文化与学术文化的冲突。虽然在大众化与全球化的背景下,高等教育机构已经开始走出学术的"象牙塔",进入"市场化生存"的时代;而创业型大学尤为重视知识的实用价值,并学会在激烈竞争的市场经济环境中处理学术与市场的关系,但事情往往并不是那么简单,"新世界"是否"美丽"还要看欣赏这个"新世界"的不同国家与不同创业型大学的特殊利益。尤其当涉及不同水平与层次的创业型大学在市场中的不同利益追求、不同国家的高等教育系统在全球高等教育市场中的不同利益诉求时,"市场化生存"这个新世界是否美丽会更加复杂且难以陈述清楚。因为从创业型大学的水平与知识科技的等级及其在市场体系中的位置来看,不同的创业型大学的位置是不同的,生存的空间也是完全不同的。

但不管怎样,随着从学术化生存到"市场化生存"的转变,就如同学术资本主义一样,市场领域的诸多概念开始被用于解释创业型大学的各种表现;而创业型大学也在向那些市场中成功的公司学习,变得越来越像一个企业组织般地开展教学与科研活动。比如,创业型大学因为要面对自己成为高等教育服务的提供者与知识产品供应商的角色,开始将课程与教育视为产品与有偿服务。此外,与传统的大学不同,创业型大学的对象也许不再适宜用"学生"这个词来描述了,应该是高等教育服务、课程与研究产品的消费者。从创业型大学这里,我们可以看到市场的力量渗透到了高等教育领域的每一寸土地。"全球教育市场的形成加剧了市场力量对学校教育的影响，绩效责任、学生的受雇率扩展到学校教育；开始从以学生为中心转向以经济为中心的训练；教育日趋商品化，丧失其作为公共产品的属性；教师的自主性降低。"[①]这与古典文献中关于大学的描述，关于大学里教师与学生美妙而轻松的生活描述完全不同。不过对于创业型大学来说，虽然其运营的方式与传统大学相比已经变得相当灵活，但是仍然要面对市场竞争规则的制约。也就是说，创业型大学进入市场容易，退出市场却是艰难的，甚至是不可能的。在经历了"市场化生存"之后，已然没有将市场从创业型大学中驱除出去的可能了，而且，不管你愿意与否，市场力量的渗透与高等教育商品化的趋势似乎永远是走在创业型大学主动地作出反应之前的。因为对大多数创业型大学来说，"市场化生存"毕竟是一个"新世界"，虽置身其中却远未能很好地适应并掌控这种不同于学术自由与自治理念的规则。毕竟，创业型大学仍然是高等教育机构，在更多的时候，高等教育还是在被动地适应着这个"新世界"对它们提出的要求的。

可有一点不容怀疑，创业型大学既然许可并接纳了市场规则在高等教育领域中的运行，这种运行就不会停滞。事物发展的快速，往往超出了很多人的想象，在大多数因冲击而转向创业型的高等教育机构还在探讨并制定自己在"新世界"中的行为准则与规范之时，新形态的市场与产业就已经对高等教育提出新的要求了。

新经济和后工业（postindustrial economy）经济时代对创业型大学的功能与市场定位提出了全新的挑战，创业型大学所生存的市场，更是一个"高科技"的市场。"在 20 世纪末全球化变迁的背景之下，对大学教育影响最大的是后工业经济的出现，后工业经济一改陈旧的资本与劳动力观念，代之以科学、技术和管理为经济发展的动力系统。在全世界范围内，新的经济体系开始产生，新经济体系从过去强调标准化生产的、规模化生产的'福特主义'（fordism）转向顾客导向的、弹性与即时的'丰田主义'（toyotaism）。这种新经济是全球性的，产品的制造过程、市场、资本

---

① Sromquist N P，Monkman K. Defining Globalization and Assessing its Implication on Knowledge and Education[M]//Stromquist N P, Monkman K. Globalization and Education: Integration and Contestation across Cultures. New York: Rowman & Littlefield Press，2000:20.

与管理还有通信媒介、科技等因素都是跨国的。"①这种后工业经济与全球化市场构成了创业型大学"市场化生存"的新生态,也使得创业型大学的生存更加不易,对于不同的创业型大学而言,"市场化生存"可以是个"美丽的新世界",也可以是个"虚幻的肥皂泡"。在这个"美丽新世界中",只有那些能够很快地适应市场、提供市场所需要的产品并将自己的产品推销出去的创业型大学,才有可能在"市场化生存"的新生态中生存与发展。

二、"企业精神"与创业型大学管理的改革

作为创业型大学,固然仍然是一个大学,仍然处在传统的政府、市场与学术力量的三角模式之中。但是,对于创业型大学来说,"市场化生存"的现实不得不让它重新认识市场这个最为关键的力量。在创业型大学产生的管理背景中,一个典型的转变是世界各国的高等教育与政府的联系因市场力量的介入而发生了较大程度的变化,体现在创业型大学方面,较为一致的情况是政府放松了管制。"在过去的十几年中,建立于 18 世纪的大革命和 19 世纪早期的国家控制的中央集权模式,在大多数发达国家随着现代大学的产生,已经被机构自主和自我管理模式所取代(国家监督模式)。这种变化与高等教育大众化、高等教育系统多样化和着眼于提高机构有效性的市场竞争要素的介入联系在一起。"②在某种程度上,创业型大学正是这种模式转变的产物。对于创业型大学来说,政府这个传统的管理者,开始不愿意再按照原来的模式来管理它了。与学术资本主义同新经济关系中最关键的知识学习体制变化一样,当政府认同高等教育机构和教师对于研究成果与教学专利拥有自己的法律权利之后,研究成果从公共产品变成了有着知识版权保护的私有产品,政府对高等教育的管理模式与理念随之也发生了变化。而这种变化的背景是福利

---

① Schugurensy D. Higher Education Restructuring in the Era of Globalization: Toward a heteronomous model? [M]//Arnove R F, Torres C A. Comparative Education: The dialectic of global and the local. New York: Rowman & Littlefield Press, 1999:73.

② Trow M. Trust, markets and accountability in higher education: A comparative perspective[J]. Higher Education,1996,9(4): 310.

主义管理的国家公共政策转向了新的方向，对政策感知灵敏的创业型大学则直接地反映了这种新方向。

在凯恩斯经济理论影响下，欧美政府大多执行福利的国家政策，公共部门实行的管理政策与私营部门的管理政策是不一样的。教育与卫生、公共安全等领域的管理基本上由政府财政支出，政府对于这些公共支出的使用效益并没有明确的要求。但是，随着国家财政预算的紧张和公众对公共服务部门资金使用效率不高的指责，一些西欧国家开始改变公共服务部门的管理方式，尝试向公共服务部门的管理要效率与效益。其中主要的做法是将私营部门的管理方式引入社会公共服务部门，比如，减少对公共服务部门的直接财政支出；在公共服务部门中导入竞争机制，进行绩效评估；等等。这种转向在美国表现得尤其明显。人们对腐败与低效的公共部门怨声载道，而政府附属的这些公共行政服务部门更是成为火力集中的焦点，大型公共部门中的官僚主义使得原本在资本主义经济发展过程中起到了积极作用的科层体制成为低效与冷漠的象征。"竞争性的政府""有使命感的政府""讲究效果的政府""受顾客驱使的政府""有事业心的政府""有预见的政府""分权的政府""以市场为导向的政府"成为人们对政府部门改革的原则要求。在戴维·奥斯本和特德·盖布勒的畅销书《改革政府：企业精神如何改革着公营部门》中，作者认为，企业与政府虽然有着明显的差别，政府绝不可能如企业那样运作，但是，这并不妨碍政府不能有企业家精神。事实上，企业家精神可以让政府部门以更加有效的方式摆脱官僚主义与浪费，在纳税人面前树立一种精简、高效与进取的形象。文中陈述的十条改革政府公营部门的原则，在作者看来，是获得市场成功的企业家精神给予官僚政府应有的启示。"我们使用'企业化政府'一词来指我们目睹在美国各地出现的新模式。这个词也许会使许多读者感到意外，读者们认为企业家就是男女生意人，但是，企业家一词的真正含义要更加广泛得多。1800 年，法国经济学家 J. B. 萨伊写道，企业家把经济资源从生产率和产出较低的地方转移到较高的地方。换而言之，企业家运用新的形式最大限度地提高生产率，创造实效。萨伊所下的定义，既适用于私营部门，也同样适用于公营部门和志愿者参加的第三部门。有胆识的督学和校长用革新的方式来使用资源，最大限度地提交生产率，创造实效。具有革新精神的机场管理者也是这么做的。福利事业的专员们、劳工部长们、商业部的官吏们也都把资源注入生产率和产出更高的地方。我们说的公共事业的企业家,指的正是那些这般行事的人。我们说到企业家式的模式时,指的是习惯性地这般行事的公营部门的机构,不断地以新的方式运用其资源来提高效率和效能。"[①]

在高等教育领域,也存在着同样的情况,企业家精神、创业精神正冲击着传统的管理方式。"从西方国家来看,政府的新政策正通过两种途径影响着教育与其他的公共服务部门。第一,现在看上去有自二战以来最不情愿将公共资金用于公共服务的迹象;第二,受公共资金资助的机构自己也希望进入或者创造一个市场,采用私营部门这种实践方式创造价值。"[②]这种属于私立部门的实践与价值渗透以及导入公共服务部门的管理方式,相对于传统的国家福利公共服务部门的管理,即是所谓的新管理主义。在新管理主义的方式中,国家与公共服务的关系从传统的直接管理转向经由市场的间接管理。这种管理理念与高等教育系统中创业型大学出现的政策紧密联系在一起。

在创业型大学与市场的关系中,这种新管理模式的要素表现得更为明显。和以企业家精神改造政府部门一样,创业精神正改造着高等教育。市场化的运作,把市场机制引入高等教育中,使高等教育运营至少具有如下一个显著的市场特征——竞争、选择、分散决策、金钱刺激等,它排除绝对的传统公有化和绝对的私有化。这种对高等教育的要求,就政府与创业型大学的关系来看,政府不再继续以往的经费支出方式,在不同类型的高等教育机构中的资金分配模式也相应地发生了变化,大学自身需要企业家精神。同时由于经济的因素,各国政府对于高等教育投入明显减少,因此高等教育在管理理念上以及与政府的关系上开始产生变化,创业精神成为大学发展的新方向。创业型大学的出现,集中体现了这种大学管理方式与理念的变化,也是创业精神、企业家精神改革公营部门的一个成功案例。就如同美国那些走投无路的地方政府在多次改革失败的情况下,选择了企业化政府而成

---

① 奥斯本,盖布勒.改革政府:企业精神如何改革着公营部门[M].上海市政协编译组,东方编译所,译.上海:上海译文出版社,1996:6.

② Deen R Globalisation, new managerialism, academic capitalism and entrepreneurialism in universities: is the local dimension still important? [J]. Comparative Education,2001,37(1):7-20.

功化解官僚主义与低效、预算赤字一样，这是管理语言的转换。如图 5-1 所示，市场的位置与作用得到极致的体现。

综合来讲，在创业型大学身上，体现了政府对高等教育机构的管理理念与实践正经历着从传统的"福利"话语向"新管理主义"话语的渐进式转变历程。如图 5-1 所示，管理语言和实践的变化——从福利主义向新管理主义的变化，这些对具体的高等教育机构的结构、组织与个别因素的相互影响，在不同的高等教育机构中会有不同的表现。"这些导致具体机构不同的表现的因素分别是：高等教育机构在它当地的竞争市场中的位置；高等教育机构内部的'政治结构'；关键人物的传记——高等教育机构主要领导、校长的领导风格。这些都会对变化起到关键作用。"①创业不是个别大学的选择，而是大学必须接受创业精神的自然结果，是企业精神改革高等教育这个公营部门的产物。只是，作为高等教育机构，创业型大学与企业化的政府不一样，因其涉及的知识与科技水平不同，在市场中的表现与策略也会有差异。

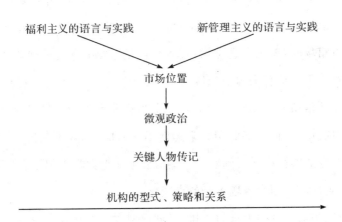

图 5-1 逐项进行的变化（discursive shift）

资料来源：Gewirtz S, Ball S. From "Welfarism" to "New Managerialism"：Shifting discourses of school headship in the education marketplace[J]. Discourses Studies in the Cultural Politics of Education, 2000, 21(3)：253.

---

① Gewirtz S, Ball S. From "Welfarism" to "New Managerialism"：Shifting discourses of school headship in the education marketplace[J]. Discourses Studies in the Cultural Politics of Education, 2000, 21(3)：253.

但是在整体上,"市场化生存"必然要求创业型大学有以创业精神为主导的价值标准,按市场竞争的现实情况规划自己的发展战略,避免公立大学一般的浪费、低效和脱离于顾客的需求。虽然,创业型大学仍然是大学,是不可能转化成企业,但是管理文化的转变或许可以帮助创业型大学更好地达到自己的目的。

三、相信市场:新的学术、市场与政府的三角关系

在传统的高等教育系统中,学术传统是所有的大学都需要相信的。不管是哪个层次的大学,都保持着对学术的尊敬,并认定学术传统有着极为珍贵的价值;大学应该努力追求自己在学术体系中的位置,以赢得声誉和学术地位。但是,在"市场化生存"的条件下,创业型大学只能相信市场。相信市场意味着把市场当作一个和学术领域一样值得尊敬的、公正的场域,接受这个场域中特有的传统文化,不是试着去改变和左右市场,而是努力去适应这个市场。相信市场意味着创业型大学作为一个营利的机构在运作时,要确信市场会告诉你真正的需求情况。相信市场还意味着走进市场时,要像走进学术传统一样,把市场看作是一个友好的、有利的真实社会和经济需求信息来源。当然,在实践操作上,相信市场还意味着按照市场的而不是学术的信条去运作创业型大学。即当创业型大学运转正常时,自由市场经济通常能自我调节,但当创业型大学运转不正常时,问题不是出在市场,而是在机构对市场信息的阅读出现了问题。市场需要创业型大学去解读、去理解,但不需要创业型大学去改变,因为市场本身就在变化。

相信市场、相信市场的力量与文化,为创业型大学处理政府与学术传统之间的关系提出了新的合法性基础解释的任务。从因果关系来看,创业型大学的兴起是高等教育功能为适应外部环境变革的必然反应,大学的创业浪潮和企业精神在高等教育领域的兴起,既是政府、高等教育机构与市场间的关系转变的结果,同时也进一步促进了新的三角关系的形成。伯顿·克拉克在1983年提出过经典的高等教育权力协调三角形(见图5-2),在这种三角关系模式中,政府权力代表的是社会的集体意志,包含政治及行政控制;学术权威则是由校内资深教授组成,代表学术与专

业的权威；市场代表消费者，代表社会对高等教育的各种要求与影响力量。

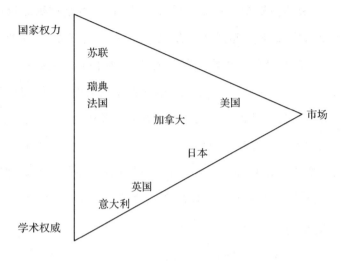

图 5-2 三角协调关系

资料来源：克拉克.高等教育系统——学术组织的跨国研究［M］.王承绪，译.杭州：杭州大学出版社，1994：159.

　　伯顿·克拉克以这种三角关系比较研究数个国家高等教育、政府与市场之间的关系，得出的结论是意大利最偏向学术权威，苏联偏向国家权力，美国则偏向市场。"市场或者不被看作一种协调的方式，或者被看作产生不可靠的和不良的结果，就负责的教授和负担州的政治和行政责任的官员来说，他们的假设是应该有个权力，有人负责。"①事实上，市场的力量不仅在不同国家的高等教育系统中表现得不一样，而且在同一国家高等教育系统的不同类型的高等教育机构中，也表现得不一样。以美国为例，社区学院与研究型大学在面向市场的改革中所遇到的阻力就不一样。从"市场化生存"之后的创业型大学的企业化管理特征来看，三者之间的力量对比正走向新的发展模式，变得更加复杂，伯顿·克拉克的简单三角关系模式已经难以普遍解释当今美国与欧洲的各种类型创业型大学与政府、市场的关系了。从政府的角度上看，随着新管理主义在全球范围内对高等教育国家管理理念的影

　　① 克拉克.高等教育系统——学术组织的跨国研究［M］.王承绪，译.杭州：杭州大学出版社，1994：161.

响不断深化,"各地的国家和政府对公共领域的价值以及公共行动的有效性都不那么自信了,它们越来越多地把主动权让给私营部门,或者是挑选私营部门作为伙伴"[1]。就创业型大学独特的"市场化生存"条件来看,在伯顿·克拉克提出三角关系模式的 20 多年之后,这种分析模式需要增加新的内容,才能解释复杂得多的创业型大学与政府、市场的关系。尤其是对市场作用的解释,需要建构更有效的模式,米勒(Miller)所提出的新的三角关系模式在对市场权力的解释上填补了伯顿·克拉克传统模式的不足。他在重新审察加拿大、美国、英国、澳大利亚等国高等教育管理体制的转变的基础上,根据"市场化生存"条件下高等教育管理环境与具体的政策对伯顿·克拉克的三角协调模式进行了修正,如图 5-3 所示。

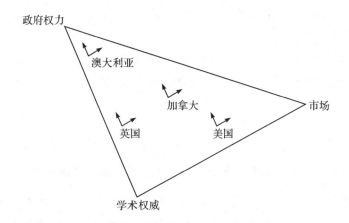

图 5-3 大学控制及管理系统的转变(1983—1993)

资料来源:Miller H D R. The Management of Change in Universities[M]. Milfon Keynes:SRHE and Open University Press,1995:145.

根据米勒的研究,从图 5-3 中的箭头可以看出,学术力量、市场力量与政府之间的作用方式发生了微妙的变化,三个国家的高等教育在市场及政府间分别受到了压力及管理方式改变的影响。米勒认为:"自 1983 年起,澳大利亚、英国与加拿大在相当大的范围上已经移向市场及政府的控制,学术单位降低了本身非专业性的控制程度;所需要的不仅是伯顿·克拉克三种维度的分类方式,而且还要进一步

---

① 赫顿,吉登斯.在边缘:全球资本主义生活[M]. 达巍,等译.北京:生活·读书·新知三联书店,2003:3.

说明每个国家所在每个维度上受控制的程度。"①在米勒的三角协调图中，市场力量不再是如伯顿·克拉克所说的"被看作产生不可靠的和不良的结果"，而是成为引导高等教育管理方式的主要力量。我们需要重新考察它的作用，相信它的作用。这一点对于新出现的创业型大学、营利性大学等新型高等教育机构来说，更具有针对性。

导致米勒的三角协同模式中政府对大学的管理权力逐渐偏向市场化的原因，主要是因为政府对高等教育机构经费资助的减少，而资助的减少又源于高等教育大众化所带来的大学生人数的增加与高等教育规模的扩大。而且，无论是发展中国家还是发达国家，高等教育都将持续走向大众化与普及化。"由于世界各国接受高等教育人数的逐渐增加，高等教育的发展也逐渐由精英型高等教育朝向大众型高等教育，而这种变化不论在质或量的面上都产生了根本的变化。同时，政府在引导高等教育发展的功能也开始转变。"②政府对于高等教育的发展来说，所起到的作用不再是直接制定高等教育的发展方向，而是着力于建立和完善教育市场、监督与调控教育市场、引导高等教育市场，政府对高等教育的管理开始由控制转向引导，并将部分权力让渡给市场与大学本身。同时，在对市场力量相信的前提下，高等教育政策也不再被视为孤立的政策，伴随着人力资本理论及经济理性主义成为经济发展的基本要素，教育主要在为经济发展提供动力，而且这种提供必须要有效，在使用所获得的经费时要讲究管理技术，向市场经济中的企业学习。"出于对经费做最有效的利用的强调，新管理主义、市场机制开始进入高等教育，许多国家政府本身也愿意将高等教育导入市场机制，并鼓励其对资源做更有效的运用。这种市场力量的增强，导致高等教育机构开始更具成本概念，注重管理，积极回应经济体系与社会的要求，政府则开始以间接方式提升高等教育的绩效。"③

---

① Miller H D R. The Management of Change in Universities[M]. Milfon Keynes：SRHE and Open University Press,1995：1780.

② Ranford J，Raaheim K，de Vries P，et al. Quantity and Quality in Higher Education[M]. London：Jessica Kingsley Publishers Ltd. ,1997：129-130.

③ Williams G. The market route to mass higher education：British experience 1979－1996[J]. Higher Education Policy,1997,10：275-285.

　　无论是以创业型大学为代表所表现出来的高等教育机构的企业化与市场化的政策变革策略,还是新管理主义的财政支配方式变革,将高等教育视为对提升国家竞争力极为重要的产业的学术资本主义,以及将高等教育视为能在全球市场交易作有利可图的服务产业的高等教育有限公司,创业型大学身上所展示出的相信市场在高等教育发展中的作用的观念,已经开始削弱深嵌在人们脑海中的传统高等教育的社会与文化的目标了。

　　创业型大学在三角关系中向市场这一方面的倾斜,直接说明了社会对高等教育资助政策的新框架,这个新框架不是凯恩斯福利国家时代的公共政策中的一部分,而是以新自由主义的市场机制和新管理主义的管理原则为核心。"这些框架基于这样一种假设,当代的高等教育系统已经过于庞大和复杂,以至国家难以保持它自己作为唯一的管理者和资助者的角色,因此,大学之间的市场竞争将可能产生一些更为有效率的高等教育机构;源自私营部门的监控、测量、比较和专业活动的鉴定等管理准则将可能加强大学的功能。"①这种观点,与以企业精神改革公营部门的思潮有着直接的联系,将高等教育机构同商业机构区别开来是必要的,但在管理方式上则有必要借鉴市场中的有效原则。

　　从高等教育市场化的角度来看,市场介入高等教育领域的程度与高等教育领域相信市场的程度,加上现实中高等教育机构获得经费的来源的改变,直接影响到政府与创业型大学的关系。"当政府转变为购买高等教育的学术服务或是辅助学生购买这些服务时,其经费使用效率会增加。随着入学率的提高,私营部门在其质量被接受的情况之下会替换政府的一些义务。这时由于高等教育的利益大都由个人获得,因此基于效率的观点,家庭必须在学费上承担一定的成本。"②在这个意义上,当高等教育机构逐渐向市场化靠近时,必须注意到雇主、学生、政府的需求。创业型大学正是高等教育系统中最早注意到雇主、学生与政府需求的先行者。

---

　　① Rajani N. Repositioning higher education as a global commodity: opportunities and challenges for sociology of education work[J]. British Journal of Sociology of Education,2003,24(2):249-259.

　　② Willams G. The Marketization of Higher Education: Reforms and Potential Reforms in Higher Education Finance[C]//Dill D D, Sporn B. Emerging Patterns of Social Demand and University Reform: Though a glass darkly. Oxford: Pergamon Press,1995:158.

在"市场化生存"与学术资本主义的新生存环境中,创业型大学彰显了市场力量,学生和经济发展作为市场需求的代表与高等教育之间的关系,充分体现了市场反应模式。"当专业知识与技能满足不了需求而处在供给短缺状态,或者研究者个人的权益或知识技能受保护时,则高等教育体系将服务于自己的利益,与此相对应的是精英高等教育。但是,当高等教育所传授的这种专业知识与技能可以通过媒体或商业部门而被广泛地传播,并且国家对高等教育体系在这方面的保护主义削弱,那么高等教育机构的权力也会随之减少,高等教育机构将会发现自己的发展方向由其他利益相关者来决定。相同的情况在作为消费者的学生身上也同样存在,如果高等教育机构提供给学生的利益是足够的,并且具有通用性,那么学生作为消费者不会对高等教育有过高的要求,他们会做好准备来接受高等教育所提供的服务。但是,如果高等教育提供给学生的服务不再具有足够的利益或者利益过少,那么学生将会对高等教育提出更多的要求,那些不能满足学生要求的高等教育机构将处于困境之中。"[①]"创业,将是大学有效地对传统进行创造性破坏的一种方式。在创业型大学中,学术活动仍然按专业的原则有秩序地开展着。但是,这些学术活动的成果及其利用与传递方式,不是按传统教学模式规定的程序,而是按市场中生产与销售的方式进行。创业不仅可以是大学拓宽资金渠道的方法,更是大学在市场中更好地生存的方法。"[②]

于是,在企业化了的大学的管理权力模式日趋明显时,政府的权力有意无意地就让渡给了市场。政府、高等教育机构与市场三方所代表的力量形成了新的三角关系模式,尤其是政府在不同的市场化程度条件下,表现出不同的作用。对于这方面的研究,除了米勒的说明市场力量之独特的三角模式之外,威廉斯提出了更为细致的高等教育发展的三角模式。他认为,在高等教育市场化的背景下,必须充分考虑不同市场化条件下政府、学术与市场三者之间的关系,因市场化程度、条件不同,

① Willams G. The Marketization of Higher Education: Reforms and Potential Reforms in Higher Education Finance[C]//Dill D D, Sporn B. Emerging Patterns of Social Demand and University Reform: Though a glass darkly. Oxford: Pergamon Press, 1995:172.

② Zilwa D K. Using entrepreneurial activities as a means of survival: Investigating the processes used by Australian universities to diversify their revenue steams[J]. Higher Education, 2005, 50(3):387-411.

政府可能扮演不同的角色。政府既可能继续担任如伯顿·克拉克的传统三角关系模式中的与学术、市场力量形成三足鼎立中的一员的角色,也可以扮演仲裁者、竞争的推动者、直接供应者、消费支持者、高等教育服务的垄断购买者等多种角色,这些角色反映了政府作用在高等教育市场化背景下的复杂性。借用物理学的力这个矢量来表示政府在不同的市场力量条件下和高等教育的关系,威廉斯认为有六种可能的力之相互作用模式。其中的一个模式可以很好地说明创业型大学与市场、政府之间的特殊关系,如图 5-4 所示。

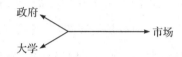

图 5-4　政府是促进者的高等教育模式

资料来源:Willams G. The Marketization of Higher Education: Reforms and Potential Reforms in Higher Education Finance[C]//Dill D D, Sporn B. Emerging Patterns of Social Demand and University Reform: Though a glass darkly. Oxford: Pergamon Press, 1995:158.

在图 5-4 的模式中,我们可以明显地看到,市场的方向和大学、政府的方向仍然是不同的,但是在力量的对比中,市场的力量占有明显的优势,或者说,市场的力量具有膨胀的趋势。在这种情况中,政府所扮演的角色是要防止市场力量的极度膨胀。也就是说,当创业型大学的发展受到市场力量影响过于强大时,政府可能会与创业型大学内部的学术权力联合,以制约市场力量的绝对控制。比如,一些研究型大学的研究机构在向市场提供有可能危及国家安全或对社会危害性较大的知识专利的时候,政府就会扭转学术资本主义的影响,制止研究成果的公开并对研究过程进行控制。基于这种情况,在经费的分配方面,政府可能会向大学提供较高的资金,使其脱离市场力量的牵引。

综上所述,在某种意义上,创业型大学是一个矛盾的综合体,它需要相信市场,但却不是完全的市场化。尤其是当一所创业型大学既有很好的研究项目,又肩负着传播知识的教学任务的时候,这种对市场的矛盾会让创业型大学的管理者十分为难。"创业型大学的研究往往是一种投资性的活动,对于参与研究的教授与社会资本来说,研究成果必须要先保证他们的市场利益,研究成果并不是公共产品 (public goods)。这样,当创业型大学中的教师在面对这些研究成果的教学时,如果因学术自由、教学自由的原则而破坏了这些研究成果的市场价值,投资者的信心就会受到打击,创业型大学的收入、奖金甚至市场声誉都会下降。"①

---

① Fuller S. What makes university unique? Updating the ideal for an entrepreneurial age[J]. Higher Education Management and Policy,2005,17(3):17-42.

第六章　公司与大学:创业型
大学的双重组织特性

创业型大学是一个从大学与公司的交叉处产生的特殊组织。它属于高等教育系统,却比其他类型的大学更多地表现出公司的组织特性,因为它对组织成员的管理方式和管理目的与资本主义社会中的任何一个公司别无二致。这就造成了创业型大学组织特性的复杂,对于其组织特性的分析,有助于我们认清高等教育系统在应对社会经济变革的组织嬗变,也可以为解释创业型大学内在的组织文化冲突奠定基础。

一、大学组织的基本特性

艾兹奥尼将社会中的组织按其支配组织成员的方式分为三类,分别是强制性组织、规范性组织与功利性组织。[①] 在社会学家的眼中,如军队之类的组织就是典型的强制性组织,这些组织对成员的支配主要依照物理威逼手段,如关押、隔离、体罚、训斥等。在这类组织中,成员对组织的服从和参与是被动的、消极的。如教会之类的组织是规范性组织的典型,这类组织对其成员的支配则主要依靠精神的监督手段,如规范的约束、道德的反省、良心的驱使等。在这类组织中,成员对组织的服从和参与基本上是主动的、积极的。如企业之类的组织则是典型的功利性组织,这些组织对其成员的支配主要依靠物质的刺激手段,如增减薪水、调整奖金、颁发奖品等。在这类组织中,成员对组织的服从和参与因物质刺激程度而异,可能是被动的、消极的,也可能是主动的、积极的。在组织的社会学理论上,我们可以这样认

---

① 鲁杰. 教育社会学[M]. 北京:人民教育出版社,1990:176.

为,艾兹奥尼关于社会组织对其成员的支配手段的分类,适用于社会上的大部分组织,因为从支配成员的手段来看,任何社会组织对其成员所能采取的支配手段不外乎物理的、物质的与精神的这三种。或者我们可以归纳得出这样的结论:社会中的组织可以有三个极端的维度维系其成员。当然,大部分社会组织对其成员的支配手段并非只有一种,如仅用规范性手段或物质性手段,且几种支配手段之间往往也未必有明显的主次之分。因此,人们很难仅仅根据某一种支配手段来给社会组织定性,而需要根据具体情况进行具体分析。高等教育机构正是这样一种需要加以具体分析的组织,我们可以根据学校组织中规范、强制与功利三种支配组织成员的手段之间的主次在图 6-1 的三个区域中为大学和创业型大学找到所属的位置。

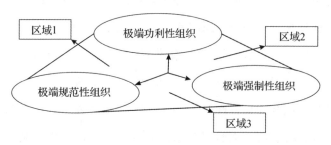

图 6-1　社会组织特性的维度

从强制性、规范性与功利性三个维度来看,显然,作为一种以文化知识为核心因素的教育机构,大学这个组织用以凝聚组织成员的主要手段是规范性的手段。这种规范性的特征是由大学活动的核心要素所决定的。考察大学的发展史我们可以发现,大学的产生在根本上源于社会发展和人类自身对知识的渴求,历史上最初的大学就是作为知识的传播机构而诞生的,知识体系的丰富发展、知识的社会作用越来越显著是大学逐渐从社会的边缘走向社会中心的基本因素。知识是大学赖以存在和运行的基本材料,对知识的不同操作方式形成大学的各种社会职能,代表特定知识领域的学科构成大学的基本单元和组织细胞。概括地说,现代大学是以知识为操作材料,从事高深专业知识的传播、创造、应用、整合的学术组织。而获得知识的教育活动是诉诸人的心灵的活动,只能通过内化的方式才有可能使教育工作者和学习者认可组织中的教学与学习活动。很难想象某所大学是靠体罚、威胁、恐吓来让学生喜欢上学习的,也同样很难想象某所大学是强迫教师去上课的。

在"象牙塔"这个浪漫的雅号中,这种规范性的特征也得到了体现,教师与学生对大学组织的认同,是两者怀着对知识的尊敬与渴望而形成的。当然,大学作为组织在一定程度上并不排除功利性与强制性。比如,学生必须要交纳学费,必须遵守一定的教学与学习纪律;教师有权从他们的教学与研究活动中获得经济报酬,也有服从学校安排的教学与研究等任务。在人们的印象中,大学的组织特征总体上更偏向于像一个教堂而不是像一个公司,但创业型大学并不是朝人们所设想的那个维度发展的,这需要单独加以分析。

高等教育系统的研究者们提供了许多非常经典的见解,对于人们理解大学组织的这种规范性特性背后的内在原因有很大的帮助。尤其是伯顿·克拉克对高等系统的三个基本要素的分析,对大学组织中的主要成员——教师的规范性凝聚力的原因,解释为知识与学科的特征决定了大学组织的特性。"第一个要素是工作表达和安排的方式。围绕知识特性,每一个国家的高教系统开展一种劳动分工,这种分工形成传统,高度制度化,而且对未来产生巨大影响。无论在全球哪里,高等教育的工作都是按学科(discipline)和院校(institution)组成两个基本的纵横交叉的模式。……第二个要素是信念,即位于系统不同部门的很多行动者的主要规范和价值观。学术组织有一个不平常的、强有力的象征方面,在不同结构层面和角色所拥有的信念。……第三个要素是权力,即整个系统中权力的分配,很多权力关系是从工作组织及其伴随的信念产生的。"①这三个要素都决定了大学组织一种松散性的特征,扎根于学科和专业的大学学术人员都从属于一定的学科或专业组织。这种松散性同时还伴随着自主性,自洪堡以来,大学提倡学术自由,教授们独立思考,享有研究与教学的自由,否则学术的生命将窒息,学术也就不再是学术。这种学术权力使得大学在本质上是一个学术系统,组织中的核心要素是知识。那么从知识出发,大学中的教师对组织的认同远不如他们对自身专业知识的认同深刻。学术

---

① 克拉克. 高等教育系统——学术组织的跨国研究[M]. 王承绪,译. 杭州:杭州大学出版社,1994:6-7.

自由在某种意义上说明了学术本身而不是大学组织对教师有决定性的影响。一个教师可以轻易地放弃在某一个大学工作的机会,但他通常不会轻易地放弃自己的专业。从这个意义上讲,大学教师对大学组织的忠诚关键在于这所大学能否实现其学术抱负与理想(包括能否满足他的学术权力),能否给他一个不受别人管辖的自由王国。在这个王国里有教师自己特有的一套规范。如美国著名社会学家默顿所言,在大学里,学者们形成这样一组共同的规范:普遍主义、公有主义、无私立性、有条理的怀疑。[1] 这些学术规范往往是以一种不可侵犯的威严而存在的。

关于大学中教师的组织认同感科塞描述道,由于学科的不同,大学中的教师基本上都在自己的学科领地里自由地研究与教学,而现代科学的发展导致专业学科规范差别颇大,其他学科的人很难对某一教师的专属领地进行评判。"只要大学是个相对不大的学者团体,它们就可能用最小规模的正式组织进行管理,很少需要专门的行政官员。这些机构中的行政职能,除了校长办公室的固定工作之外,都是由教授轮流兼职,这种形式仍然部分沿用于牛津和剑桥的各个学院。"[2]

但是,随着现代高等教育系统的复杂化与巨型化,在学术知识传统中形成的规范性组织特征的基础上,科层制的特征也体现在了大学的组织特征之中。现代的大学组织既具有传统的学术规范性特征,又具有科层特征。围绕着知识体系和学术专业形成的学术结构与围绕资源管理和行政事务形成的行政结构构成大学组织结构的两个共生的维度。学术规范性秉承学术自由的大学传统,强调学术活动的自主性和个体行为的选择性,在本质上是反对过多的外部干预和约束的。同时,出于对管理与效率的要求,大学组织又离不开科层制。因为学习系统仍然和其他组织一样,要有效率与管理,同样要求明确的行政等级制度和学术责权范围以保证大学这个巨型组织运行的有序化和高效率。"大学不是一般的学术团体,而是一个正式的社会组织,亦具备社会组织的基本特性,其内部存在着围绕庞杂的规划、人事、财务以及对外联系等事务而建立起来,以满足外部环境和内部资源合理优化要求为目的的科层化组织结构。随着大学规模的不断扩大,大学管理事务日渐庞杂,客

① 默顿. 社会研究与社会政策[M]. 林聚任,等译.北京:生活·读书·新知三联书店,2001:6-14.
② 科塞.理念人:一项社会学的考察[M]. 郭方,等译.北京:中央编译出版社,2004:309.

观上需要增加一定数量的管理机构和管理人员,由此带来的是大学管理机构的科层化。"①以学术为基础的规范性特征反映着大学的传统社会价值,它在很大程度上使大学与企业、政府、教会等其他社会组织区分开来。在某种程度上,学术规范性是大学的基本属性;而科层特征则反映着一切组织的共同特征,是大学作为一种社会组织形态随着组织规模的扩大和内部结构的复杂化,以及大学与社会联系的广泛深入而不得不拥有的普遍性组织特征。这种强调学术权力的自由与行政管理的约束,构成了现代大学组织的矛盾性特征。"大学组织的复杂性在于它既需加强校级行政权力来保持大学这个复杂庞大机构的整体性、一致性,又要注意教授及教授团体参与民主治校必需的学术权力,而大学任务和权力的分散也是大学组织的内在特性之一。"②

而且,这种矛盾性在特定的社会环境中,会发生力量的变化,使得大学组织中的学术规范与科层制管理的组织特性在维度上发生变化,走向新的区域。

二、从规范性到功利性:创业型大学的选择

创业型大学与传统的大学,就组织特性而言,有许多共同点,主要是因为创业型大学仍然是以学术知识为核心要素的组织,所以仍然有着学术规范性的组织特性。但是,创业型大学就强制性、规范性、功利性三个维度来看,由于它所拥有的知识是一种商品化了的知识,从而使得组织特性的维度发生了变化,从偏重规范性维度向功利性维度移动。在创业型大学中,大学组织对教师来说既是学术组织,又是功利性组织。当然,无论是创业型大学还是传统的大学,大学中的教师也是活生生的人,是有其学术信仰与学术忠诚的学者,也是靠劳动所得谋求生存的社会个体。教师在大学里工作,既是教育学生,献身于专业发展,也是为了获取一定的经济收入,满足自身的各种生活需要。教师所从事的不是无偿劳动,而是有偿服务。这一点,创业型大学比传统的大学更明显也更明确:一个人可能会因自己特别热爱专业

① 武立勋,李汉邦,等.对大学组织特性及行政与学术权力关系的思考[J].山西大学学报(哲学社会科学版),2004(7):34-36.

② 眭依凡.关于大学组织特性的理性思考[J].高等教育研究,2000(4):42-59.

研究与教学工作而选择教师职业,但这也是以当教师能获得劳动报酬为前提的,尽管这一前提一般很少、也不大愿意被提及。

既然如此,教师与大学之间便存在着经济联系。这种经济联系自然成为大学管理教师的重要条件,大学可以通过增加或扣发工资、津贴、奖金、奖品等各种经济和物质的刺激手段来显示组织的威力,促使教师服从领导、服务于组织。同样,教师则可以通过对领导的服从和对组织的贡献来争取较多的肯定评价,并以此为本而谋取更多的物质利益。因此,大学对教师来讲是一种功利性组织。

只是在创业型大学中,这种组织特性比传统大学更为明显,更进一步讲,在学术资本主义影响之下,这种功利性越来越超出专业认同之外的因素的影响。"传统知识分子的认同感主要是通过同事给予他的承认和尊重而形成的。但是,一旦学者得到了一批学院外的新听众,他就容易屈从于这种影响,重新塑造自我形象。当学院人帮助学院之外的人解决了问题而得到他们的承认时,可能产生这样一种倾向:学院人将更多地从能够给予他们酬劳的决策者那里寻求承认,而较少从同事那里寻求认可。"[1]或者,当大学组织自身成为一个创业者的时候,其内在的组织特性自然将更加强调功利性特点。

事实上,大学对于教师的功利价值本来就会随着大学的性质不同而有所差别。以我国为例,按照设立者的不同,我们可以将大学简单地分为公办大学与民办大学。民办大学中的教师由校方雇用,教师与大学之间的关系首先是经济关系,即教学劳动的付出与报酬的支付的关系。教师在经济上依附于所任教的大学,在人事关系上可能是人事代理,教师被大学解雇便意味着失业。因此,民办大学对教师来讲功利价值极其明显,大学可以在相当程度上通过物质的刺激手段来支配教师对学校的服从和参与行为。而在公办大学,情形则完全不同。公办大学中的教师是由国家或地方政府教育机关聘任的,其薪金也是由国家或地方财政支付的。大学尽管有教师的工资调整、奖金增减等方面的决定权,但如无特殊情况则无法变动教师的基本劳动报酬。大学即使对某一教师不满,也很难将其解雇,至多只能设法将

① 科塞.理念人:一项社会学的考察[M]. 郭方,等译.北京:中央编译出版社,2004:316.

其调离本校,而且调离并非意味着失业。这样,公办大学的教师与学校之间的经济联系便不如民办大学那样紧密。大学通过经济与物质的刺激手段来支配教师的余地就不如民办大学那样大。这种情况在有些国家可能不一样,但整体上都遵循着这样的一种差异。

从大学组织特性的变迁来看,创业型大学中的功利性倾向是一种合理的组织特性的整合。"高等教育组织的发展已经到了这样的阶段:学校的类型不断多样化;学校内部的组织日益复杂化;学校教育与社会实践的界限日益模糊;高等教育的课程专业日益市场化;学术人员日益专业化;等等。这些变化使大学组织整体功能的确立和发挥变得越来越困难。"①创业型大学作为一种特殊的学术组织系统,就是高等教育机构类型多样化的结果之一。与传统的大学组织一样,创业型大学对社会来讲也具有三种基本的功能:政治功能、经济功能与文化功能。不同的大学在某一个方面会因为其独特的历史传统、社会声望、学术水平而贡献不同的力量。创业型大学在政治与文化方面的社会功能显然并不是最主要的,作为一种新的高等教育组织,创业型大学主要是为了经济功能而存在的。创业型大学强调市场价值的企业式管理,而不是学术规范的教授治校。

从组织理论来看,如果说传统的大学是以文化机制,即以组织中规范性的文化信念、共享的价值观维系组织特性,那么,创业型大学则主要依靠市场机制来实现组织对其成员的整合。在市场机制中,个人目标与组织目标的整合主要是以交易和适应的途径来达成的。②组织与个人之间有相当明显的交易关系。组织提供诱因,以满足个人的欲望;而个人也以时间与精力回报去达成组织目标。严格来说,这种交易的方法只是促进个人目标与组织目标的关联,而非两者统合的理想途径。交易的方式通常是利用加薪或非正式社会关系(即联络情感),以鼓舞成员贡献力量,建成组织目标。适应的方式是先考虑并确定个人动机与需要之所在,然后根据这些个人动机与需要安排适当角色,设计达到组织目标的程序。因此,在追求组织目标的同时,也能满足个人的愿望,达成个人目标。在交易与适应的模式中,教师

---

① 侯定凯. 高等教育社会学[M]. 桂林:广西师范大学出版社,2004:166.
② 朱国云. 组织理论:历史与流派[M]. 南京:南京大学出版社,1999:278-280.

与组织目标之间的整合少了学术自由的成分，而多了科层管理的成分。

在创业型大学将组织的经济功能作为首要追求时，组织中的教师很可能首先考虑的不是自己的学科价值与学术自由。创业型大学比传统的大学更敏锐地感受到了竞争的压力，因此，如何以顾客为中心来组织大学的教学与研究活动，赢取更多的社会资源与支持，是创业型大学组织用以评价教师与管理教师的主要标准。在创业型大学这个组织里，大学教师对专业与组织的双重忠诚需要单面化，即舍弃对专业的忠诚而选择服务于组织的需要。

当专业忠诚置于顾客需要与组织目标达成之后时，创业型大学通常会选择与学术自由存在着必然冲突的更为严格的科层管理方式。在传统的大学中备受批评，被指责侵犯了大学教师们的自由研究活动与教学活动灵活性的科层管理，在创业型大学不仅不与学术传统妥协，而且直接支配了日常教学与研究的活动。"在创业型大学里，教学与研究活动的自由程度要视管理者对活动项目的预期价值判断来决定。大多数情况下，学者们传统的学术研究规范需要服从社会与个人严格的日程表安排与规格要求。当然，研究与教学也会更直接地从合同与契约式的约束性文件中得到报酬。"①这是一个明显的组织整合手段的变迁，从规范性走向功利性。在这个变迁的过程中，科层制管理的优点而不是缺点被创业型大学的管理者发现并加以强调。在知识商品化与学术资本主义中的金钱因素解除了大众对学科与专业学术规范的天然敬畏之后，科层制管理在创业型大学中的应用比在传统大学中来得顺利。没有了学术自由的话语阻碍，创业型大学中的行政管理，看到的多是科层制的优点。比如，效率高：科层制给众多的人提供系统与一致的行政服务，通过专业训练的人员，以极少的时间发挥极大的效果；可预测：依规定章程分配任务，工作人员的角色与职责明显，所以能够预测组织成员的行为表现；公正无私：一切依规章制度办事，不掺杂私人感情成分，所以能做到公正无私；速度快：一致化的规则可公正而快速地处理数量众多的事件；等等。

在大学没有转向创业型大学之前，这些优点虽然客观存在，但大学教授们对于

---

① Paunescu C. Entrepreneurial University：Concurrent practices in the US business higher education system[C]. Proceeding of the IABPAD Winter Conference, 2005.

管理的反感有很多理由。他们认为大学是一种特殊的社会组织,学校行政人员与教师应该创造许多机会,维持面对面的非正式关系,因此要减少不必要的、形式化的或非人情化的来往,保持大学成员之间的非正式沟通与情感交流,以保证大学组织的人性化。专业的研究者与教授们更倾向大学教学与研究工作的特质,认为师生之间必须具有深厚的情感,这些与非人情化的科层制无法完全相容。高等教育组织不仅在向学生传授知识,而且在培养学生的社会的适应能力,帮助他们认识社会价值与规范,并加以内化。要发挥大学的这些功能,必须排除科层制而采用学术性的规范方式,才能达到目的。而且,创业精神被大学所接受之前,人们总认为高等教育活动是一项非常复杂的,在许多方面无法客观且精确地加以评价的教育工作,需要高水平的判断专业人员和专业自主性;而这种自主性往往受到科层组织的标准化制度的约束,不利于学术创造与教学自由。

可需要引起我们注意的是,在创业型大学里,很少听到对这种科层制管理的抱怨,在学校管理的过程中,对于规范性组织不适宜实施科层制管理的理由仿佛消失了。在创业型大学里,人们并不认为高等教育活动是一项非常复杂且高深的活动,而是一门生意,必须考虑成本。因此,那些将高等教育活动复杂化,添加情感的做法被简单的产业运作方式取代了。"现在的大学由一支管理队伍经营,这支队伍的组成人员大多数从教师队伍中聘用,但他们的收入、雇用条件、思想意识和业务技能日益与教师队伍脱节,而越来越像公司经理。从整体上看,这支管理队伍起着类似参加竞争的公司主管的作用,他们试图占领市场,创造一个生产良性循环的印象。"[①]在这样的组织中,规范性的组织整合手段完全转为功利性的手段。这是创业型大学在"市场化生存"与学术资本的双重力量牵引下必然的选择。

三、公司式的途径:创业型大学的组织转型

在创业型大学的组织特性方面,规范性与功利性交织在一起,而组织的内部管

---

① 康奈尔.雕刻"象牙塔":高等教育,新自由主义和澳大利亚知识分子[J]. 康建秀,译.外国教育资料,2000(3):38-42.

理更需要科层制。在很多高等教育领域的人士看来,创业型大学与其说是大学,还不如说是企业或者公司。从组织理论的角度,我们可以从组织内部的几个关键性要素来进一步界定创业型大学的组织特性。

第一,创业型大学必须要有一个强大而有力的领导核心,也就是要重新确立谁是大学组织的最关键人物和领导者的问题。这个问题,看上去是创业型大学在管理方式上的转型,实质上却是创业型大学中学术自由向管理主义的让步。这是"市场化生存"的创业型大学必须实现的组织转型任务之一,因为,在市场中生存与在政府的庇护下生存是完全不一样的。如果大学缺乏一个强有力的领导核心,任由大学组织的松散特征与所谓有序的无政府主义继续存在,大学不仅不可能更好地服务顾客,也无法开设能适应市场的课程或提供有市场潜力的科研产品。在传统的大学里,可能还是容许组织成员的专业性爱好甚至偏执存在的。"在英国,即使高等教育界出了一些笨蛋,国家官员也只能对他们强颜欢笑,因为没有任何办法能够除掉他们。用直接下命令来阻止这些人的聘用,取消他们的升级资格或限制他们的工资,是行不通的。国家没有任何手段可用来制裁那些错误地容忍蠢材继续留用的院校。"①但在创业型大学里,这一点显然无法容忍。要想在市场中实现以知识换取发展经费,展现创业成功的形象,强有力的领导核心在创业型大学中是非常重要的。创业型大学必须对不断变化的各种教学与研究需求作出比传统大学更迅速、更灵活的反应,它们需要一个强有力的领导核心以提升大学面对市场制订计划的能力。当然,不同层次的创业型大学在建立一个领导作用得到加强的领导核心时,形式上可以是多种多样的:既可以是将传统的大学校长转变成CEO,将教授们转化为员工,也可以保留传统的行政管理部门和学术部门,以更好地协调科层制管理价值观念与传统学术价值的关系。当然,创业型大学和传统的大学在确立领导核心的背后,有着一些共同的特征。"首先,在创业型大学中,领导核心权力的强化是不可逆转的潮流;其次,大学的僵化传统应该借助于强有力的领导权力给予打破;最后,不断强化的驾驭中心必须使教授实质性地参与到校部各种委员会之中,

---

① 克拉克.高等教育系统——学术组织的跨国研究[M].王承绪,译.杭州:杭州大学出版社,1994:282.

以便使经营价值观和学术价值观得到有效融合……"①

第二,创业型大学要突破传统大学与社会的联系领域,扩大发展外围。创业型大学创建了许多传统大学未曾尝试的"开疆拓土"运动,不断拓展一些以知识为运作核心的组织外围。这些组织的外围单位通常是传统的大学组织不拥有的,往往是跨越边界的新的学术中心或技术联系中心。伯顿·克拉克把它们分为两类:一类是专业化的校外办事处,或者是管理办公室,类似于政府部门中负责专利技术转让的行政部门,主要从事知识版权转让、知识产权开发、工业联系、继续教育、筹集资金以及校友事务等工作。有时,这类管理办公室还起到创业型大学与外部沟通与公关的关键部门。另一类是与学科部系平行的,进行多学科或跨学科研究和联系的学术单位,或者叫学术中心。跨学科的学术中心部门把校外许多试图解决的经济或社会发展中重大实际问题和研究方向带进创业型大学,使创业型大学更有可能掌握并有能力去满足"顾客"与社会的需要。这些组织一般灵活机动,它们筹集款项,以使大学的资金渠道更加多元。此外,与企业一样,管理办公室与跨学科的学术单位,这些外扩单位主要是由非终身制的聘用研究人员组成的,既容易创办又容易解散,不至于给创业型大学带来人员负担。创业型大学的"开疆拓土"运动在现实中被证明是非常有效的,使得创业型大学能快速适应环境,满足各类利益相关者需求的灵活性也得到提升。发展外围促使创业型大学在组织的基层上形成了双重结构,在这个双重结构中,传统的系或者学院得到与外界有联系的学术中心的补充,让学术从书斋走向市场。这些创业型大学新开拓出来的大学与社会的"结合处",在某种程度上也成为大学与社会矛盾冲突的缓冲地带,原来双方都互不接受、不能解决的问题,在这里可以得到快速的解决。

第三,开辟经费的第三条渠道,努力扩大收入。对于创业型大学来说,它诞生于政府资金紧缩的背景之中,资金是其出现的原因也是其生存与发展的命脉。在传统的大学仍然继续依赖政府和各类委员会提供资金时,创业型大学已经不得不转向第三种资金渠道。事实上,政府机构的常规性拨款在进入大众化阶段之后,已

---

① 陈伟,韩梦秋. 欧洲创业型大学的组织转型及其启示[J]. 理工高教研究,2003(2):5-7.

经变得越来越少；而大学间对各类政府委员会所提供的资金的竞争也越来越剧烈。

像西方谚语所讲的一样，当上帝把所有的门都关上了之后，他肯定给你留了一扇窗。第三条资金渠道对于创业型大学来说就如同这扇留着但却需要去发现的窗。所谓的第三条资金渠道，即创业型大学可以利用的许多创收途径，主要包括以下这几种。(1)与其他政府机构合作。即与各个专业相对应的政府部门，如商业部、农业部等合作，这些部门乐意为大学提供经费，因为大学的研究可以直接帮助它们解决现实问题。(2)与社会中的各类企业进行合作。社会中大中小企业，很多都有与大学进行合作的愿望，也愿意为这种合作提供经费。事实上，许多创业型大学就如同公司一样，从大大小小的企业与公司那里获得了人才培训或科研合作的订单。在这里，关键在于大学如何签订与公司合作的契约，毕竟，学术资本主义还是一个新鲜的事物。(3)从社会的各类慈善组织与基金会机构中获得资金。在美国与欧洲一些国家，部分大学是由社会或个人捐资建立并运营的，如斯坦福大学就是由斯坦福夫妇捐款兴建的。一些大学中来自慈善组织与基金会的捐款甚至超出了政府的拨款。(4)创业型大学自身的收入。它包括学生学费、专利转让费，以及大学校园经营获得的收入。事实上，第三条资金渠道中的任何一项都有可能给创业型大学带来可观的资金。

资金收入的第三条渠道对于创业型大学来说，是一项充满挑战也是充满希望的任务。要完成这项任务以收获足够的资金，创业型大学必须像一个企业和公司一样地进行经营，懂得规模经济与操作效率、利润与成本。这对于大学来说，很难，但比过度依赖于单一的资金来源的组织来说，以公司或企业的组织形式在充满希望的第三条渠道中前行，是更好的选择。

第四，激活的学术核心地带。学术研究是传统学术价值观扎根最牢固的地方，对于创业型大学来说，情况仍然如此。更进一步的情况是，在创业的活动中，没有这些有着交换价值的研究成果，创业型大学将难以维系组织安排。因此，更好地提升大学系科与研究所等基层学术单位所组成的学术核心地带的积极参与，是创业型大学成功的另一个关键。在创业行动方面，创业型大学表现得比传统大学更机动灵活，它通过把系科这些学术研究单位变成一个个创收单位，来实现底层组织的创业能力,并且以一种市场化运作的方式将这些处于传统大学底层的学术核心地带激活。比如用高薪的方式引进外部的研究力量,以提升学术研究的竞争力,同时也激活内部的研究热情。也就是说,激活大学的传统学术核心地带还必须找到把新的管理和外扩的理想与自己领域的传统观念融合起来的方法。

在管理上,激活的策略还要注意两方面的问题。一是创业型大学仍然要尊重学术权利,将学术权力引入核心领导层,参与大学管理和决策。另一方面,要考虑到因不同系科的学术性质不同,教师在创业行动中的能力与热情也会不同,比如一些直接面向社会需要的学科可能比人文社会科学更容易激活,大学需要在管理上对它们进行交叉式的互助。"大学由传统的各系广泛岔开的领域组成,而创业行动典型且不平衡地分散在老的心脏地带。科学和技术各系通常首先成为创业型的组织,而且最为彻底。社会科学各系除经济学和商业以外,都感到转变比较困难,通常会落后。人文科学各系有好的理由成为抵制创业的落后者:新的经费不容易从政府或非政府的赞助者那里流向它们。它们审慎地走出去,通过提供服务筹集资金似乎不合适,甚至降低身份。"①因此在组织转型上,这种公司化的途径相对规模比较小的大学比较容易,要激活学术核心地带也就比较简单。

第五,创业型大学组织中要有高度整合的创业信念与文化。这是组织在精神上的转换,是创业活动在开始时追求的,同时也是创业活动的结果。也就是说,作为精神象征的创业信念与文化并不是由伟大人物事前规划、预先设定的,而是在创业型大学的摸索性创业过程中逐渐形成的。对于一所大学来说,在创业初期并不具有这种组织成员都认可的创业信念或者文化,而需要引入创业精神。在创业活动中,上述的四项组织转型的途径,使得大学更像一个公司或者科技园区,多种理念在创业型大学中相互冲激与融合。随着一次次的创业计划、创业行动的成功,创业精神与学术文化一起被逐渐提炼为整个机构的信念,形成一种新的组织文化。基于学术文化的创业信念与文化为大学的所有组织成员提供了统一的,但不同于传统大学教师的身份特征和符号体系。这种新的组织成员的精神符号,在许多创

---

① 克拉克.建立创业型大学:组织上转型的途径[M].王承绪,译.北京:人民教育出版社,2003:173.

业型大学的成功案例中，表现出具有象征性的组织传奇故事，并以一种象征性的口号激励着组织成员，比如沃里克精神、恰尔默斯精神等。这些代表着创业文化和创业信念的组织精神口号就如同传统大学从中世纪大学走出时所形成的学术文化、学术信念的精神象征与口号一样，如洪堡精神、威斯康星精神。

创业型大学的组织转型虽然如伯顿·克拉克所归纳的有上述五种组织转型的途径，但这并不是说所有大学的创业活动都是同样的模式。尤其对那些处于传统大学学术体系中不同位置的大学来说，会形成不同的创业模式。比如，麻省理工学院的模式与莫纳什模式就是不同的创业型大学组织转型的代表。但无论如何，从公司走向大学，并表现出双重的组织特性，是所有创业型大学共同的组织转型的途径。强调创业活动和企业家精神的创业型大学重新界定了大学的任务与活动范围，它们通过学术资本主义、学术的创业精神、知识的商业化，在国家和地区经济发展中的作用表现出与传统大学同样重要的功能。组织转型后的创业型大学改变了大学与社会各个领域关系的传统面貌，教学、科研与服务社会以大学自身的学术知识为中介，与社会交换更多大学需要的生存和发展资源。"大学与社会的交换能力越强，其生存和发展能力也就越强。"①这或许是对创业型大学组织转型的最好解释。

① 张俊宗. 现代大学制度［M］. 北京：中国社会科学出版社，2004：41.

第七章　商业与学术：创业型大学的内部文化冲突与融合

在当代高等教育系统中，人们已经很难感受到某种单一的文化与价值取向体系的存在了。在大学承担起了越来越多的社会职能，大学内部的组织结构也越来越复杂的时候，大学的不同利益相关者，围绕着既得利益与未来可能的潜在利益，以一种话语权争夺的方式进行着一场场无声的战争。这种战争，在创业型大学或者大学的创业部门中，表现得极为明显。就像当年研究话语权与教学话语权的斗争预示了大学的走向一般，今天，高等教育系统中的这种以创业精神为代表的商业话语、研究话语、教学话语在共谋前提下产生的冲突，也预示了 21 世纪大学价值的发展趋势。

一、教学与研究、学术与行政：传统的冲突

在创业型大学里，虽然创业已经成为这个特殊的高等教育组织中教学与研究活动的最终目的，但作为有着悠久历史的教育机构，大学这个组织中的独特文化是在长期办学实践的基础上积淀而成的，值得创业型大学尊重。这是一项组织文化更新与创造的任务，这项任务的完成，必要的一个前提是正确把握住大学的传统组织文化及其本质特征。

与任何其他类型的社会组织一样，大学有其内在的组织文化。组织文化作为一种象征，在精神层面反映着组织的社会价值，是联结内部成员的心灵纽带，对于大学这样的学术组织而言，文化的凝聚意义尤为重大。与其他组织相比，因为大学悠久的历史，大学内部成员的情感联系更为强烈，他们依附于更广泛而坚定的思想意识，献身于特定的信念和象征物。这种大学的传统文化可理解为大学的理想、信

念、目标、功能以及大学中教师与学生的行为规范。从当代大学的发展历程来看，大学文化形成的基础和重要的组成部分是大学的学术文化。人们一谈到大学就会自然而然地想到学术自由，想到洪堡改革柏林大学、蔡元培改革北京大学，等等。当然，对学术文化的认识又是复杂的。学术文化的本质，或者说大学学术文化的核心部分是那种被当作教学、研究等学术活动价值判定准则的内在逻辑与理念。在现实中，大学的组织文化确实是以学术文化为核心的，但学术文化并不是大学组织文化的全部，而且大学的学术文化也不是一个稳定、和谐的体系，其内在充斥着各种各样的冲突。

从创业型大学组织内部文化价值冲突的角度来看，传统大学的组织文化中至少存在着两种冲突，这两种冲突构成了大学组织文化，并具有了象征性意义。

第一种是教学与研究的冲突。大学从中世纪发轫，在很长一段时间内，都没有把研究作为其必然的功能。这可能有两个方面的原因。一方面，在中世纪大学及其初始阶段的发展过程中，自然科学还处在一个初级水平，现代意义上的研究还不可能成为人们关注的内容。当时的自然科学还是处于文化知识体系边缘的新兴知识，无论是在知识的容量上还是在影响力上，都尚未能影响当时的高等教育，甚至未能作为大学的合法教学内容。自然科学意义上的科研活动自然不能在大学里占据应有的位置。对当时的大学来说"研究"仅局限在传统的人文学科，是思辨式的探究活动。另一方面，这同中世纪大学所谓的"大学的理想"有关。在最具有影响力的高等教育哲学著作之一——《大学的理想》一书中，约翰·亨利·纽曼坚持认为教学是大学的唯一职能，科研不应在大学内进行，更不应取代教学。在这本书中，纽曼以雄辩的方式论证了那个时代特有的知识阶层对大学的理想，他在众多场演讲中不断地强化着以教学为主要职能的大学理想。他说："在这些演讲中，我对大学的看法如下：它是一个传授普遍知识的地方。这意味着，一方面，大学的目的是理智的而非道德的；另一方面，它的目的是以传播和推广知识来增扩知识。如果大学的目的是为了科学和哲学发现，我不明白为什么大学应该拥有学生；如果大学的目的是进行宗教训练,我不明白它为什么会成为文学和科学的殿堂。"①他认为大学与科研机构不同,两者是不同的部门,有截然不同的职能和分工;研究机构主要关注的是科学研究,科学研究关注的对象不是学生,而学生是大学教学的对象,大学的一切活动主要围绕学生进行。他还认为,对于一个大学教师来说,要想同时完成教学与研究的任务是非常困难的,科研和教学是两种迥异的职能,也是差别极大的才能,兼备这两种才能的人并不多见;探寻真理需要离群索居,如古人离群居于洞穴中一样心无二用,思想家对自己的研究对象往往极为专心致志,不允许别人打断。在这一点上,纽曼用毕达哥拉斯长期住在山洞中、泰勒斯独居一生拒绝王公贵族的来访、柏拉图从雅典躲到阿加德米园的树林中、培根住在塔中等例子来说明研究者需独处,因此研究者与教学者的双重身份很难体现在一个人身上。显然,在纽曼的大学理想中,科研发现和教学是两种不同的活动,对人的才能的要求也截然不同。学者要么成为研究者,要么甘于做一名教师。科学团体与大学之间应进行分工,科学团体承担科学研究职能,而大学承担教学职能。

这种只以教学为职能的大学理想在很长时间里作为一个时代的大学理想,将许多科学研究活动排斥于大学之外。但纽曼的这种大学理想毕竟不是整体社会所希望大学有的理想,随着人文科学知识在创造了巨大物质财富的自然科学知识面前"节节败退",德国"洪堡精神"带来的柏林大学里教学与研究的结合开始成为新的大学的理想。在柏林大学里,教学仍然是大学的主要任务,教授们享有极大的教学自由,学生的学习也高度自由。同时,教授们的研究活动得到了鼓励,并被认为是能够与教学实现共同提高的过程,教授们的学术研究活动是其提高教学质量的重要基础,教授们有将其研究成果在课堂上讲授的自由。洪堡认为,教学与科研统一、大学自治与学术自由是现代大学应有的特征。也正是在这个意义上,"根据洪堡提出的教学与科研相统一的思想建立的柏林大学可以说是第一所现代大学。洪堡认为,为科学服务,即为增进人的知识服务,这是人发展的最高阶段。共同追求知识的强烈愿望把大学教授和大学生联系起来,这便是构成大学的基础"②。在柏

---

① 纽曼. 大学的理想[M]. 顾建新,等译. 杭州:浙江教育出版社,2001:1.
② 符娟明. 比较高等教育[M]. 北京:北京师范大学出版社,1987:31.

林大学之后，学术研究活动成为一所大学社会声誉与教学质量的重要基础。教学与研究的冲突，虽然在特定的教授身上、特定的高等教育机构中仍然存在着，但是，人们更认可大学中教授们的研究与教学活动是可以很好地结合在一起的。教学与研究的相结合的理想也由此取代了纽曼的大学理想，成为现代大学存在的合法性基础之一。在世界各国各种类型的高等教育机构中，尽管以教学为主要任务的大学依然存在，但对以研究与教学的源与流关系的认同，已不可否认。

第二种是学术与行政的冲突。如果说，从纽曼的大学理想到洪堡的理想大学的转变是大学内在使命的一次转变，并且研究与教学的冲突已经化解，那么，大学内部学术权力与行政权力之间的内在冲突一直存在并且没有消失的迹象，反而随着彼此力量的变化而不断地相互抑制着、交融着，成为现代大学组织文化冲突的一道特别的风景。

自洪堡改革柏林大学以来，学术自由与大学自治就成为大学的一种学术传统，教授群体以这种传统为核心，形成了对大学内部规则的默认，那就是"教授治校"。学术权力是大学里最受尊重的权力。在教授们看来，学术自由与大学自治之所以是大学最核心的精神，关键在于大学是人类社会探索求知领域的关键机构，掌握着人类已知的最深奥知识的教授群体对于大学中的教学与其他活动有着最根本的权力，其他任何人都无法对学术权力进行置疑。对大学教授们的评价，也只能通过同行评价来进行，因为外人无法对教授们的学术活动作出评价。而对学术权力的尊重，同时也是保持大学独立探索知识、对社会作出独立评价的根本前提。离开了以学术自治与学术自由为核心的学术权力对大学的绝对掌握与支配，大学也就不再是大学了，学生在大学里也就无法通过与教授们自由讨论而获得有价值的知识了。"的确，学术自由意味着松散的结构和最低程度的干涉。在学术努力的方向上，甚至是在进行学术活动的场所方面，不仅没有时间的限制，而且只有很少的规定。学术工作和其他行业的工作是如此不同，以至于我们创造出一对非正式的词来描述它们之间的差异，即称学术领域为'象牙塔'，而称其他一切别的领域为'真实的世界'。"①确实,大学中的学术权力对于保持学术研究的独创性和大学精神的自由起到了不可磨灭的作用。

更为重要的是,在世界各国的大学里,尽管有多种学术权力存在与实施的模式,但在长期传统中形成的学术权力如此牢不可破,以至于学术权力在某些方面已经成为大学"顽固"的象征,直接导致了学术权力对自身价值的无限认可,且完全置大学中其他群体的价值于非常渺小的地位。在学术群体的眼中,大学中的行政管理人员完全是处于附属地位的,他们本身不从事教学和研究活动,他们的存在只是为了学生更好地学和服务于教授们的教学、研究工作,大学的管理人员应该完全以教授们的教学与研究为中心。

但是,大学本来就是制造并产生争议的地方,并不是所有的人都完全认同这种对大学的认识并愿意完全服从于学术权力。在社会的其他群体看来,大学更应是一个服务于社会的机构,在大学的事务决策中,教授并不是唯一的决定群体。对教授的评价也不应该仅以学术知识的内在标准来衡量,还需要考虑到学生的需要和国家、社会经济发展的需要。大学对教授们的学术活动,也不能以学术自由为借口而完全放任不管,应该考虑更多的学术责任与社会责任,甚至考虑"顾客"的需要。学术权力固然在大学的变革过程中仍然保持着对固有传统的兴趣,可是自20世纪60年代以来,"人们对大学提出种种批评——大学不能为现代经济提供合适且日益广泛的技能和资格,特别是中等水平的技能和资格;同时,大批学生在没有接受任何职业训练的情况下离校,甚至还出现研究生失业的问题"②。行政管理者认为,造成这种现象的原因就在于学术权力对除自身利益之外的问题再也不感兴趣。

事实上,自大学产生以来就存在着行政管理人员,并且在经历了高等教育大众化的过程和国家替代教会成为高等教育机构的主要资助者之后,大学中的行政权力出于现实需要,人员数量逐渐壮大,并且从政府那里获得了更多的支配权力。对于大学这样一个庞大的社会组织与机构,行政管理人员需要具备专业能力与专业

---

① 肯尼迪. 学术责任[M]. 阎凤桥,等译. 北京:新华出版社,2002:3-4.
② 范德格拉夫. 学术权力——七国高等教育管理体制比较[M]. 张维平,张民选,等译. 杭州:浙江教育出版社,1986:10.

知识，大学才有可能正常运转，仅靠大学教授们的学科专业知识是无法管理大学的。有效的大学管理不能只依靠关注研究与教学的教授们，还应该由专业的管理人员来把握。在专业行政管理人员看来，虽然不可否认大学的关键理念在于学术自由、崇尚真理、对知识的无止境探求等，但以学科为基础的学术文化在形成同一学科领域的共同语言和学术规范时，也不可避免地造成不同学科领域间的规范冲突与文化隔阂，更是与日常的行政管理风马牛不相及。

学术权力与行政权力之间的冲突，已经构成了现代大学任何一项改革措施出台的背景和争议产生的根源。"大学中学术文化与行政文化之间的基本张力在于教师和行政人员虽共处于一个组织之中，但却有着不同的目标追求。学术工作的基础在于对真理的无私追求，追求真理是大学教师的基本价值，是他们一切工作的基本动力来源，是他们规范自己行为的标准，也是他们审视大学各项工作的主要视角；行政工作的焦点是大学的公共责任，保证大学公共责任的实现是行政人员的基本价值，是他们工作的出发点与归宿。"①在工作性质与价值取向上，倡导学术自由的学术权力与倡导管理主义的行政权力天生就是针锋相对的，在现代社会的大学组织之中，学术权力仍然以"部落"的方式顽强地延续着传统中形成的权力，而行政权力则在大学日益成为社会服务站的过程中伴随着国家对高等教育的控制和市场化导向过程，蚕食着传统的学术权力的领地，并更改了学术权力的实施模式。

此外，在学术资本主义与知识的商品化冲击着大学的时候，这两种权力对新的异域文化的态度十分耐人寻味，其中既有为了利益的共谋，也有寻求自己最大空间的相互抑制。新一轮更复杂的文化冲突在创业型大学组织内部产生，并创造着新类型的大学文化。

二、商业文化、学术文化与行政文化：新的冲突

创业型大学的出现，象征着大学内部一种新的文化冲突，或者说原先处于人们

---

① 王英杰. 大学学术权力与行政权力冲突解析[J]. 北京大学教育评论，2007(1)：55-65.

意识边缘的小冲突上升到人们察看大学文化冲突视野的中心位置。但不管怎样，以创业精神为象征的企业文化和商业语言，正成为大学组织内部文化的第三种势力。它既与教学自由与研究自由的学术权力形成一种张力，也与行政权力构成了一种松散的联盟，使得大学内部的文化冲突呈现出一种新的景象。当然，这种景象并不是创业型大学独有的，在传统的大学中，这种商业语言也成了组织内部除教学、研究与行政管理语言之外的通用语言。

在历史上，大学中的商业语言曾经以一种边缘化的方式存在过。正如中世纪的波洛尼亚大学发放教师授课费用的方式给人一种当代教学服务公司的感觉一样，在高等教育系统中，一直有这种商业语言的力量存在。维布伦在20世纪初期的《美国高等教育》中论述现代大学的强烈目标感和开发新知识的效率时写道："人们谈论用更商业的方式来组织和控制大学及其设备、人事和资源。这种主张高效率的思路是，学习的公司会按照运行良好的商业模式将其所有事务进行合理排序。这样，大学就被当作一个有销路的商业机构来处理，由博学的统帅所控制，并将其手段转换成最大可能的产出……大学将会最终成为学习的公司和处理标准化学识的商业企业，其高级管理者必须统筹考虑这些不同的业务。"[①]只是维布伦的这种预测并没有很快在大学中得到实现，在那个年代，商业文化还没能占据美国高等教育权力体系中至关重要的位置。人们对于大学的讨论，更多的是大学如何以一种前所未有的组织形式更好地服务于社会，且尽可能地与企业组织的营利动机区分开来，以高水平的研究与高质量的教学为社会提供公共服务产品。这从当时美国的高等教育全面学习德国大学模式的举措中可以清晰地体现出来，研究与教学而不是出售知识才是当时美国高等教育的重要使命，也是美国高等教育机构实现组织转型的必然要求。尤其是当社会经济的发展还处在传统劳动密集型的发展阶段时，大学的研究成果与经济还处于较松散的联系状态，大学的职能只是如何形成更崇尚学术自由与学术自治的学术传统。大学与社会经济发展的关系，更多地体现在通过培养人才来实现社会经济的发展，而不是直接以知识资本的方式形成新的

---

① 古尔德.公司文化中的大学[M].吕博,张鹿,译.北京:北京大学出版社,2005:50.

经济。赠地学院的出现、威斯康星精神的传播，虽然其中都涵盖以知识为中介的服务社会活动，但仍然都是以人才培养这种传统的教育与社会互动的方式为主要途径来进行社会服务的。教学与研究的语言是大学中的优势语言，商业语言只是大学组织边缘的弱势语言。如维布伦的言语只能算是一种惊世骇俗的预测性语言，对于正在形成自己的学术权力的大学教授们来说，在大学里办商学院已是让他们感觉到难堪与不解的事情，更不用说将大学办成一个商业化的组织了。

　　但是，自第二次世界大战后，随着现代人力资本理论的提出，对于经济与生产发展的要素的认识发生了巨大的变化。"特别是 20 世纪 90 年代以来，对于后工业社会将走向知识经济时代的问题，人们提出了'知识资本'的概念，并在反复的讨论中逐步确立了'知识资本'的内涵。"[①]"知识资本"概念的出现，直接宣告了商业文化在高等教育系统中的合法性地位。按照"资本"的含义，任何一种有形或无形的东西，都可以成为一种资本。无论是文化科学还是情感，如果能产生收益，即当它以创造经济价值为意图被使用时，就成为一种资本。从"知识资本"的概念中可以看到，与以往的大学通过知识培养人才来实现经济价值不同，人们是直接将知识资本视为一个状态量，把价值看成是一种过程量，知识资本的本质就是能带来市场交易价值的价值，而且只有那些能创造市场交易价值的知识，才是最有价值的知识。知识的资本化将大学变成企业化或者准企业化的社会组织，使大学的经济职能和社会使命发生了重大而深刻的变化。"在知识资本化的态势之下，除教学以外，大学不容忽视的职能是创造经济发展的高新技术源泉，以及充当高新技术与经济结合的媒介，而且大学的后两种职能恰是其前一种职能有效履行的基本保证。"[②]当教学、科研与服务社会的职能都必须考虑市场需要的时候，市场中盛行的商业文化必会要在大学组织内部获得它应有的合法性基础。

　　同时，商业文化对于大学在知识资本化时代的发展，也是必不可少的。大学这座"象牙塔"要想在市场经济背景下日益商品化、在"知本化"的社会中继续实现其传统职能与新职能，就必须在学术语言、教学语言之外再加上一门商业语言。不懂

①　戴晓霞,莫家豪,谢安邦. 高等教育市场化[M]. 北京:北京大学出版社,2005:231.
②　滕春贤,周航. 基于知识资本化的大学经济发展职能探讨[J]. 中国高教研究,2000(3):57-58.

商业语言,市场经济环境中的大学就难以有效地实现其教育职能,就不能真正了解市场的人才需求和技术需求,也就不能真正产生高水平的教育成果和科研成果。大学不仅要通过人才培养间接地为经济发展作贡献,而且要通过科研成果的转化、知识的资本化直接地参与经济建设。

商业文化对于当代大学来讲是一种新的文化,同时,如果联想到中世纪的波洛尼亚大学的教学服务交易和维布伦对 20 世纪初期美国大学的商业化操作预测,商业文化对于大学来讲,还是一种失落于学术文化与行政文化斗争进程中的传统语言。商业文化毕竟在大学传统文化中消失得太久了,它的重新出现必然带来新的文化冲突。值得注意的是,商业文化出现在 20 世纪末期的大学组织内部时与它早期的出现景况不同,这次是以一种异域文化的面貌出现,它所面对的组织内部的文化冲突必然会更复杂,而在创业型大学内部,这种情形表现得更为明显。

在对大学面向市场、通过知识商品与知识资本来获取更大的利益以促进大学自身更好地发展的问题上,学术权力、商业文化与行政权力中,后两者更容易达成共识。行政权力的管理主义追求效率与责任,更多地将高等教育视为一种公共产品,注重实效,表现出较明显的功利主义的价值取向。并且,行政权力更愿意制定规章制度来实现刚性的管理,在个人意愿与组织的群体目标发生冲突时,更趋向于将个人目标融合于组织目标之中。这与学术权力追求的学术自由与学者们习惯于个人主义的行为方式极为不同,却与商业文化在许多特征上是相通的。商业文化是一种企业在市场竞争中发展起来的价值文化体系,追求利益的最大化并强调效率、经营策略与质量管理。从与个性鲜明的学术文化容易起冲突的角度上看,商业文化与行政文化之间更容易形成联合体。契约精神、诚信、社会责任等商业文化的核心与行政文化中的科层制管理在内在价值取向上都强调规则的重要性,强调依照共同遵守的非情意化的制度来开展活动。因此,虽然人们对行政文化中的官僚主义持非常排斥的态度,商业文化中强调的创新精神与竞争意识也从某些角度引发了行政文化的弊端,但整体上对规则的尊重与绩效的追求,使得商业文化与行政文化之间有着相当多的共性。

当商业文化面对学术文化时,冲突时有发生。尽管现代的大学越来越多地表现出官僚学术企业的特征,完全以企业方式运营的创业型大学的存在也是不争的事实,但是,商业文化强调的市场逻辑与大学教授们在学术文化中强调的传统几乎是不能兼容于一个组织之中的。"尽管追求利润的高等院校日益增多,并且仿效公司的许多做法,但这并不意味着我们应该在传统的大学中完全遵循公司的模式。"①持有这种想法的人可以从具有悠久历史与极大影响力的学术权力模式中获得巨大的支持。因为从"象牙塔"这个美誉中,既可以看到传统的大学理想在当代的延续,也可以看到传统的合理性,那就是大学是一个研究、探索与传递高深学问的场所。在这样的场所中不应该有市场的喧哗与金钱的诱惑,一旦将物欲的追求置于大学精神的圣殿之中,最终失去的将是独立思想,因为大学的学术文化传统不仅仅代表高等教育机构的历史传统,更是整个人类社会智力活动的传统,如果在这方面失去了探索的自由,后果将会是可怕的。

上述这种观点由于高等教育系统在人类文化传承与研究上的杰出贡献而被人们普遍认同,尤其是在那些有着悠久的学术自由传统的名校中,任何对学术自由与学术自治传统的侵犯都被视为是原则性的破坏行动。大学的历史与现实也在很大程度上证明了这一点:越是在历史悠久、学术声誉高的大学里,这种学术文化传统的力量就越强大,甚至越保守。"每当耶鲁出现改革激流时,都会出现一大片保守派反对的呼声。塞默尔校长上任伊始就呼吁耶鲁停下来,消化和思考已有的变化。他认为,一些学科可能只有很少学生学习,学科知识可能对普通公众没有多大的价值,但是大学要保留它们,'这代表大学的职责,大学的这些活动的本身就是目的'。当有人向他提出改革建议时,他总是任命一个委员会去研究这些建议,制订计划,但很少去执行这些计划,这种所谓的'受控进步'的对待改革的态度在耶鲁有一定的代表意义。"②至于在美国社会的经济发展中显示出极大的推动作用的创业精神与公司文化,更是不应该在以知识与真理为主要目标的大学校园里出现。耶鲁大学的一位校长曾对当时美国高等教育界掀起的管理主义与企业化改革提出了批评的意见,认为虽然企业文化在经济领域取得了令美国傲立于世的经济成就,但这并

①　古尔德. 公司文化中的大学[M]. 吕博,张鹿,译. 北京:北京大学出版社,2005:52.

②　王英杰. 论大学的保守性——美国耶鲁大学的文化品格[J]. 比较教育研究,2003(3):1-8.

不能成为美国大学学习的榜样。"美国文化中的冲突之一是在私人的营利公司与传统的大学之间,前者的规范是竞争、效率和利润最大化,其目标是短期的;后者是非营利的,其目标是学术的、公民的和长远的。"①在这些大学传统学术文化的拥护者眼中,公司化对于大学的学院文化都是破坏性的,会直接造成大学里教师群体与行政管理人员之间的矛盾与隔离,就如同我们在行政权力与学术权力的冲突中所看到的一样,企业文化、商业文化在大学组织中的导入,会促使大学教师越来越把自己看作是大学内在价值的代表,而大学行政人员则把自己看作是公共责任的代表。大学最重要的使命不是创造利润,而是要在变化纷繁的社会中继续捍卫大学的普世价值,发扬学术文化。虽然耶鲁的保守并不能代表整个高等教育系统对改革的抗拒,尤其是对企业文化的拒斥,但这足以说明大学组织中学术文化对商业文化的态度,以及两者的冲突不可避免。

当然,更多的人看到了学术文化的危机,企业文化与大学传统文化之间的冲突融合才是当前大学组织的真实面目。"大学文化与企业文化的矛盾冲突是显而易见的。这些矛盾与冲突可以在生存意识、合作意识、管理意识、客户意识、市场意识等诸多方面表现出来。"②而且这种冲突是本质性的冲突,学术文化强调的以专业知识研究水准为基础的组织氛围,学术自治与教授治校是学术文化的理想状态。"教授在校内没有上级,系主任、校长与教授都是平等的同事,不能干预教学与研究的核心活动。"③这种状态,是高等教育史上极为典型的学术权威统治的状态。可现在出现的商业文化显然期望另一种状态,"在公司与大学的界限日渐模糊的情况下,教授不应只为自己的研究负责,他还应满足学生、政府的需要,因为他们是顾客。如果说以前的教授是绝对自由的一个群体,除了同行没有人能评价他们的工作,那么现在,他们必须以一种大众能明白的方式向社会展示他们工作的效益与实

---

① Giamatti A B. A Free and Ordered Space:The real world of the university[M]. New York:W. W. Norton & Company,1988:9.

② 王晓辉. 大学文化与企业文化:冲突与融合[J]. 比较教育研究(2002 年"全球化与教育改革"专刊),2002:69-73.

③ 阿特巴赫. 革中的学术职业:比较的视角[M]. 别敦荣,等译. 青岛:中国海洋大学出版社,2006:30.

用性。"①从大学作为一个承担多元功能的社会组织来看，从研究与教学两种文化之间的冲突和融合到商业文化激起的新的冲突与尚未可知的新融合，其组织文化中的新元素与旧元素之间产生冲突无疑是正常的，关键在于这种冲突能否既保证组织传统文化中的精粹得以保留，同时又能汲取新的积极因素。对于这个问题的解答，学术创业精神或许可以提供一个令人满意的答案。

三、走出"象牙塔"：创业型大学中的学术创业精神

在现代社会中，大学面临着许多相互矛盾的价值观的冲击。对这些相互矛盾的价值观，在以前是可以很明确作出选择的，但是现在，随着"走出象牙塔"口号的不断响起，人们开始反思大学保守的弊端，尤其是对学术传统，也需要用新的观念来看待了。对于学术传统在变革社会中因保守而带来的弊端，奥尔特加·加塞特曾这样叙述过："我们姑且认为，在大学里，我们按原状找不到任何值得称作是弊端的内容，一切都是按照大学自身所宣称的那样正常顺畅地运转。非常好！尽管这样，我还是应该说如今的大学就本质而言是一个弊端，因为它本身就是一种谬误。"②人们也发现，对于以创业精神为象征的商业文化，大学并没有完全拒绝、完全排斥的理由，高等教育机构对非学术文化的拥有并不会导致传统的学术文化消失，相反，从大学弊端的改进和大学功能多元化的角度出发，商业文化对于大学的"市场化生存"来说，是一种必要的新鲜血液。毕竟，再没有什么大学能完全不理会市场的力量了。

在现实中，一些新的价值取向与新的词的出现也象征了这种变化与要求。当代社会里，虽然人们对大学传统文化持有尊敬的态度，商业文化也让保守的大学与大学中的教授们感到无法接受，可创业型大学作为一种高等教育系统适应知识商品化、"知本主义"、知识经济社会而组织自动调适与转型的结果，预示了大学走出"象牙塔"的方向，并创造出融学术文化、管理文化与公司文化于一体的学术创业精

---

① Jarvis P. Universities and Corporate Universities：The higher learning industry in global society [M]. London：Kogan Page Limited，2001：89.

② 加塞特.大学的使命[M]. 徐小洲，陈军，译. 杭州：浙江教育出版社，2001：62.

神、学术创业主义(academic entrepreneurialism)。这些精神与文化预示了高等教育系统里文化体系的复杂化,也证实了这种复杂化的合理性,只是这种复杂能在多大程度上为大学所接受,还有待实践的检验。至少,就如同柏林大学在传统的大学功能与组织文化上加上了研究文化一样,学术创业主义与学术创业精神说明了高等教育系统中对商业文化的正确认识。

学术创业主义与学术创业精神是高等教育在"市场化生存"的背景下所产生的描述特定大学组织文化的概念,是现实的产物,是大学走出"象牙塔"步入市场并进行创业的尝试时,是学术文化与商业文化冲突与融合的产物。为适应"市场化生存",高等教育系统开始面对一套新的话语体系与游戏规则,在创业活动中必然要脱离原有的学术传统的话语与概念,去掌握市场交易的话语与概念。在交换规则、顾客需求等原则的作用下,高等教育系统中的教学活动、研究成果甚至高等教育自身都呈现出作为流通商品的性质。"就如同大学一直以来是国际性的一样,教育一直以来也是一种商品。虽然流通的货币单位不一定都是金钱而且有时候会导致不良情况,但知识与技能已经被要求按某种成本进行生产与传递。"[1]当知本变成了资本,并在市场中获利,给高等教育系统带来前所未有的好处时,在商品视野下对高等教育的审视虽然会对高等教育的传统学术文化与精英情结造成冲击,但却不能阻止学术文化与商业文化的融合并由此生成新文化。高等教育的创业活动以及教学、研究活动的商品化与学术传统并不是相互制约的,许多国家高等教育系统的创业活动已经完全企业化,并进入全球性的高等教育商品竞争和国际贸易的进程中,从中我们又可以看到,融合已经超过了冲突。与以往大学在"象牙塔"中不受社会干预进行纯粹的研究与教学活动不同,企业组织与企业文化成为大学需要学习的对象。"发达资本主义社会中的高等教育现在正经历着广泛的意识形态与组织的转变,高等教育突然间面临着一种巨大压力,被要求证明自身在资本积累、国家财富增长方面的贡献。于是,管理主义与市场规则被赋予了极高的价值,要求高等教育'生产'更多的毕业生或能满足工业需要的知识工人。僵化的、不能实现这种

---

① Brock C. Accreditation and the Recognition of Qualifications in Higher Education: A review[J/OL]. http:// www.unesco.com,2000-07-12.

要求的传统大学的文化被认为需要加以灵活改造，高等教育应该在传统文化中加入企业文化的因素才能更好地完成这项艰巨的任务。"①在市场规则中，人文主义的高等教育理想和心理需要，与实用主义的经营、投入产出率、质量等新观念与心理需要相融合。高等教育在保持它既有含义的前提下，被市场赋予了新的属性，高等教育成为可以贸易与交换的商品，大学组织文化需要以一种新的术语来描述。

学术创业精神和学术创业主义正是这种复合型文化的体现。"创业精神本来是一个经济学的术语，但是在公共经费日益紧张的压力下，传统的大学正在经历从单一的学术文化向学术与创业精神相融合文化的阶段迈进。在欧洲的众多大学中，创业精神不仅仅体现在大学的文化里，还体现在对学生进行创业教育的课程中。"②在知识经济社会的背景下，创业精神已经成为一种对于学生、教师乃至政府都要求大学拥有的新的精神气质，这种气质不仅仅是对大学传统保守且落后于时代形象改变的心理需求，也是大学发挥更好的社会功能的实质性要求。如果说学术创业精神还只是在大学文化的浅层面上可以感受到的商业文化作为一种内容对大学教育内容的影响，那么，学术创业主义可能是大学组织文化在深层次上表现出的对商业文化的接纳。"学术创业主义对于所有的大学来说都是一个既矛盾又必须认真研究的新任务，因为不可避免地，商业化的动机已经鼓励大学的管理者不仅卖任何在市场上有价值的东西，而且还劝说市场对大学要卖的任何东西都进行估价。这就是市场。……创业主义在大学管理者眼中受重视，直接导致了学术创业主义。大学的研究开始为了市场的短期目标而行动，那些市场认为不具有价值的或者长期的研究项目在大学里被忽视。在这个过程中，大学的社会声望是一个非常的因素，就如同一家公司的知名度一样。"③

---

① Willmott H. Commercializing higher education in the UK：The state，industry and peer view[J]. Studies in Higher Education，2003，28(2)：89-114.

② Corbett A. Universities and the Europe of Knowledge：Ideas，institutions and policy entrepreneurship in European union higher education policy，1955－1987[M]. Basingstoke：Palgrave Macmillan，2005：167.

③ Anderseck K. Institutional and academic entrepreneurship：Implications for university governance and management[J]. Higher Education in Europe，2004，29(2)：193-199.

　　创业主义的商业文化与大学传统的研究、教学文化已经很好地整合在一起。在高等教育市场化的认知背景下,人们形成了为获得高等教育而付费的观念,学术与它在市场中的价值紧密相关。学生、家长与企业作为付费者,他们对大学能提供的学术产品的需要对于相当多创业型大学的生存来说至关重要。在成为高等教育机构的"上帝"之后,人们已经不再讨论高等教育的教学与研究成果、专利是不是公共服务商品问题了,而是讨论将高等教育视为服务类的商品之后,服务质量和消费者的权益问题。"高等教育质量方面观念的转变体现了教学与学习的商品化和以学生为消费者的观念被人们所接受。"[①]"我们若将受教育付费视为花钱购买教育服务,教育服务的提供者——学校与教师,同教育服务的接受者——学生,两者之间除传统的传道、授业、解惑的知识传授关系外,还附带产生一种类似于厂商与消费者的商品交易关系。学校是厂商,是知识的提供、出售者;学生是用户,是知识的购买者、消费者。在这种新型关系下,教育服务的消费者必然、也应当会对所购得服务的内容、形式、质量、功能、价格提出自己的要求,行使作为一名特殊消费者的神圣权利。"[②]"社会中的各个机构、企业、政府,乃至学生个人,现在是消费者,他们可以自由地在日益变为全球性的市场中选择他们可以找到的最好的课程与研究成果,而这一切只取决于市场对大学所提供的东西的价值认可,以及价值是多少。"[③]创业型大学提供各种各样的教学与研究服务,将这些服务尽快推向市场,并劝说市场认可服务的价值。这同传统的大学相比,是一种崭新的组织文化与管理方式。

　　正是在这个意义上,创业型大学在组织内部所形成的学术创业精神,以一种文化的形式有力地支持着创业型大学的组织转型,使转型不仅仅在组织的结构和管理方式上发生变化,还造就了创业型大学的组织文化的转型。创业型大学中的学术创业主义与精神,创建了学术文化与商业冲突与融合共存的平衡模式。这种新

---

　　① Sharrock G. Why students are not(just) customer[J]. Journal of Higher Education & Management,2000,22(2):150.

　　② 柴效武. 教育服务消费应享知情权[J]. 教育发展研究,2000(10):29-31.

　　③ Education Today:Higher education for sale[R]. The Newsletter of UNESCO'S Education Sector,2002:5.

的文化融合模式,在高等教育商业化的浪潮冲击下,从美国高等教育系统中开始,波及欧洲的高等教育,成为全世界的一次大学革命。

更为重要的是,虽然人们一直怀疑如创业型大学这种企业式大学的存在是否会冲击到大学在文化追求上固有的价值,但是这种怀疑在许多国家只是局限于部分领域。而且,尽管商业利益不一定非要考虑公众利益,但是商业组织却总在抱怨大学不如世界五百强企业那样有质量与服务意识,为社会与市场提供更有价值的产品。在知识经济理论实践与高等教育"市场化生存"现实的影响下,大学校长与教授们已充分建立起了以市场视野看待高等教育与社会关系的心理基础。"大学新的发展需要新的思维方式的刺激,企业组织已经在市场竞争中表现出优良的品质意识与服务意识,大学没有理由不从中学习组织变革的方法。企业家管理企业的理论与实践对于大学的管理来说,具有极高的价值。"①创业型大学正是这种新发展思维的体现,它象征着高等教育不再是躲在社会的角落里安静地与深奥知识为伍的组织,高等院校与政府、学生、企业单位之间的关系可以被视为服务主体与服务对象的关系;而且,高等教育服务不再是无偿的,服务主体与服务对象之间存在着交换关系。无论政府、学生还是其他社会机构,要获得高等教育的教学与科研服务,就应补偿大学的劳动投入,按照一定的条件进行市场交换,这是一种新的文化。

这种新文化为创业型大学与社会之间进行资源交换提供了合法性说明。"学术创业精神是一个通道,与许可、合同研究、纯知识价值的外溢、劳动价值的流通等共存。这条通道把大学的研究转化成物品与服务。"②对于创业型大学来说,学术创业精神不仅仅是使大学研究成果实现市场价值的通道,更是作为高等教育系统走出"象牙塔"的文化转型象征。学术创业精神是一种复合型的价值体系,提供了创业型大学组织转型的内在文化支持。它已经从大学的创业行为中提炼出来,以一种有效的组织文化的形式影响着高等教育系统。"创业型大学作为大学在市场

---

① Grudzinskii A O. The university as an entrepreneurial organization[J]. Russian Education & Society,2005,47(1):7-25.

② Braunerhjelm P. Academic entrepreneurship:Social norms, university culture and policies[J]. Science and Public Policy,2007,34(9):619-631.

环境中组织发展的策略选择,它所形成的学术创业精神,也正成为诸多从事创业活动和积极准备向创业型大学转型的高等教育机构的文化选择。学术创业精神,不仅为大学创造了一个新的组织要素,同时也为那些一直担心传统学术传统权力与商业文化冲突的大学提供了向创业型大学转型的信心。"①

学术创业主义、学术创业精神,不仅仅是源自企业领域的创业主义、创业精神与学术的简单相加,作为创业型大学的核心组织文化,它是创业型大学走出"象牙塔"之后的学术与商业两种符号的契合,它与教学和研究的矛盾、学术权力与行政权力的冲突一起,构成了大学内部组织文化的复杂生态。

---

① Schulte P. The entrepreneurial university: a strategy for institutional development[J]. Higher Education in Europe, 2004, 29(2):187-191.

第八章　经营与创新:创业型大学的生存实践与成功经验

创业型大学作为高等教育系统中的组织转型者,是高等教育机构适应社会与发展自我的一次革命。创业型大学吸纳了企业领域的创业精神,在组织的行为系统上表现出了一些典型的生存实践方式,这些行为实践方式与传统大学的不同,而且在不同的创业型大学之间也表现出差异性。但是这些实践中的一个共同主题都是经营——以企业化的方式经营高等教育。有学者在对伯顿·克拉克的创业型大学个案研究的基础上,总结了创业型大学的二十项创业实践经验,这二十项实践经验在某种程度上也是创业型大学的创业精神特征的具体体现。

"(1)独立于政府资助:这表明大学不需要再从政府官员那里获得许可就可以投资创建一个新的科技分支机构与商业性的机构等。(2)强调一个中央集权的管理核心:在大学里有一个强有力的、起决策导向作用的高级管理团队,这个团队负责传达创业探索的有利结果;学术与学生委员会更广泛的参与,相对来说并不是最重要的。(3)组织成员的素质管理(特别在财政上):大学雇用高素质的专业人士并提供充分的组织成员发展计划来使投入和持续性最优化。(4)创业的文化:行政与学术成员宁愿有一种变革的文化而不是基于规则导向的文化;他们宁愿创新和实现新观念,而不是执行旧规则。(5)一次付清的预算:大学在很大程度上被允许如它自己希望的那样使用政府的资金(比如它可以在个人、信息技术、动产和其他基础设施投资上进行转换),大学可以保留多出的年度预算部分资金。(6)与财政支持者签订产出导向的合同:政府、基金和其他途径的财政资金以年度可测量的输出与结果为基础来进行结算,这些结算通过常规报告加以管理。(7)扁平的结构:在组织核心与基本单位之间可能存在的阻碍信息报告的一切障碍与等级制的东西都被最小化,以便于缩短观念创新和共同决策的过程。(8)任务说明和策略计划:在大学里有一个通过商议达成的决策性文件来指导所有的战略决策和大学的目标。(9)广泛的校友活动:有一个广泛且恰当的校友会资金或其他形式的校友支持的计划。(10)与企业和其他优秀大学的合作:大学意识到在研究设备的投资、教学和其他有效用的活动方面,同优秀的个人或其他大学合作的重要性。(11)校园基础设施的竞争力:大学设施和环境对于招收和留住优秀的学生来说应当是有吸引力的。(12)通过现金流而获得的额外收入:创建第三条渠道的资金收入,比如会议中心、商业学校、提供有关终身学习的教学服务、旅馆等。(13)只关注有限范围内的教学与研究:大学的管理不应该通过游离于核心知识以外的、绝对发散性的活动而变成向外扩展型的管理模式。(14)把握教学与研究潜在的市场机会:大学应当对教学的发展与研究市场有敏锐的洞察力,并储备资源对市场发展最快作出反应。(15)对捐赠的吸引力:大学的声望和计划内的校友会可以吸引定期、重要的捐赠。(16)对年轻研究者来说具有吸引力的研究环境:大学能招收并留住年轻的研究者是因为他们能吸引学生和捐赠人并发展出创新性的研究。(17)跨学科的研究结构:为教学与研究设立一个专门的组织部门,这个部门支持跨组织的合作活动。(18)技术转让:建立一个机构,管理将技术转让于地方的流程。(19)本科生与研究生的高度共享:新的教学收入渠道通过超越对本科教学活动依赖的传统或历史的认识来得到发展。(20)公司派生组织的服务提供者:有一个为了获得风险投资资金顾问、办公室和小产品设备等的后勤支持系统。"[1]

　　创业型大学上述二十项创业精神的特点,集中体现了创业型大学的生存策略以及创业型大学不同于非创业型大学的精神面貌与组织特征。我们可以归纳出如下五条基本创业策略,它们是创业型大学生存实践的根本。

---

[1]　Gjerding A N. Twenty practices of an entrepreneurial university[J]. Higher Education Management and Policy, 2006,18(3):83-110.

一、企业化经营：创业型大学的创业实践

（一）品牌经营

对于什么是品牌，如何经营一个品牌之类的问题，在商业领域是一些再普遍不过的话题。不管是新建的企业还是老牌企业，都会非常注重品牌和品牌经营，并且，法律上有非常明确的条文保护那些经过注册的，以及具有悠久历史传统、被广泛认同的品牌。广泛意义上的品牌至少包括三个层面的内涵。"首先，品牌是一种无形资产。许多企业家都认为'品牌就是事业'，因为品牌蕴涵了巨大的价值和竞争优势。许多时候，一个企业的价值核心就在于其创造的品牌的市场价值。其次，品牌是商品的标志。在竞争激烈的市场经济中，品牌代表着商品的质量、性能、满足效用的程度，以及品牌本身所代表的商品的市场定位、文化内涵、消费者对品牌的认同程度等。最后，品牌还是一种文化。也就是说，品牌代表着一种口碑，一种品位，一种格调，乃至一种生活方式。"①换句话说，品牌实际上就是一个企业或一种产品的代表、象征，是多种元素结合在一起的复合性概念。本质上，品牌是企业向消费者提供特定产品或服务，而在这些产品或服务背后，还反映了企业一些深层次的特征。品牌对于企业的市场竞争成败关系重大。

高等教育领域也存在着品牌，这种品牌代表着良好的教学质量与科研水平，以及历史传统与社会声誉。人们在选择高等教育机会时，倾向于那些拥有良好的学术声誉的著名大学。这些大学，可能没有像企业一样去经营自己的品牌，但在事实上却拥有了名牌效应。或者说，由于高等教育机构多以提供公益性服务为基本宗旨，它们的品牌与质量意识是以一种"有序且无计划"的方式经营着的，与企业组织刻意去树立与经营一个品牌以获得产品的畅销的做法，有着明显的不同。但客观上，大学在人们的心目中还是具有品牌作用的。而且，教育是一种关联产品，它的品牌价值往往与其他的社会活动联系在一起，形成一种社会声誉和历史文化。如

---

① 何佳讯.品牌形象策划：透视品牌经营[M].上海：复旦大学出版社，2000：3.

张维迎教授所说的:"对教育这种产品来讲,品牌的价值就变得非常非常重要,而且这种品牌不是你在短期内能够塑造的,因为你没有办法改变已经毕业的学生的质量,改变现有学生的质量也得用好几年时间。"①

对于创业型大学而言,要想在市场中站稳脚跟,就比传统大学更要具有良好的品牌意识与正确的品牌经营策略。从品牌意识与经营策略来看,创业型大学的品牌意识普遍高于一般的传统大学,在经营策略上也更贴近市场经营的需要。这里面的原因很复杂,需要从多个方面加以解释。"对于那些研究型大学中的创业活动来说,这是借助历史积累效应的一种做法,研究型、学术型的大学本身就具有良好的品牌。而对于那些被动实现组织转型的创业型大学来说,它们树立品牌的愿望比较强烈。其中一些原因是许多创业型大学在学术地位上并不占优势,与研究型大学相比,创业型大学需要更多的努力让人们认可其提供的知识服务与研究技术的市场价值。"②创业型大学的品牌差别也非常大,如麻省理工学院与斯坦福之类的大学,作为创业型大学是无须太多的品牌经营策略的,但对于那些本身由于在学术性竞争中无法取得成功而实现组织转型以获得更好的发展的创业型大学来说,由于在许多地方无法与传统的研究型大学和学术性大学相比,就更需要强调品牌的经营策略了。

创业型大学在通过向市场提供有价值的教学产品与研究服务时,往往强调其品牌具有差别性。如创业型大学所提供教学服务是传统大学不能提供的,是符合消费者需要的,有利于激活消费者头脑中的"购买动机"。"创业型大学是高等教育系统的一次改革,这次改革的产物就是一些大学开始从学术评价以外的地方,以企业的方式提供区别于传统大学的(传统大学未曾考虑过提供的)市场导向、顾客导向的课程与其他服务。这些独特的教育产品,满足了不同阶层对中学后教育服务的需要,一些企业也得到了它们需要的独特的研究合同。这为创业型大学赢得了

---

① 张维迎. 大学的逻辑[M]. 北京:北京大学出版社,2004:8.

② Zaharia S E, Gibert E. The entrepreneurial university in the knowledge society[J]. Higher Education in Europe, 2005,30(1):31-42.

顾客。"①创业型大学在品牌树立上的差别性策略,充分满足了知识经济时代社会对不同类型的知识产品的差异化需求,以及传统的高等教育系统在提供产品满足这种需求方面的缺陷。当然,品牌具有累积性,创业型大学的出现只有十几年的时间,不可能在市场上形成超越传统大学的品牌,创业型大学要通过坚持不懈的努力,在品牌的外在形象和内在的质量上不断下功夫,才能让社会认同创业型大学的独特品牌价值。

此外,就如同新兴企业同老牌企业竞争一样,创业型大学还要注重产品经营和品牌经营,它们分属两个不同的层面。有了产品和市场,并不意味着有了品牌。创业型大学开发的产品与提供的服务,无法像名牌大学的服务产品那样提供给消费者参与过程中的精神消费,高等教育的品牌具有复合性,品牌背后还有非常丰富的内涵。传统大学的组织文化、历史传统、伟人的传奇故事等,具有相当的竞争优势,是创业型大学这个竞争对手在短时间内无法赶上并超越的。但至少,创业型大学可以一种有效的方式来经营自身的品牌。

(二)市场开发与营销

创业型大学提供的教学和研究的产品以及服务,需要得到顾客与消费者的认同,需要得到市场的承认。因此,需要围绕创业型大学的产品与服务进行市场开发,以使教学与研究的投入能得到预期的利润。对创业型大学来说,市场开发的成功与否,直接影响到生存概率。创业型大学的市场开发与营销主要包括提供有市场价值的课程,以及加强同企业的联系以便于研究成果的生产和销售。这些都需要创业型大学对自己的产品有良好的市场分析与准确的定位。"为了更好地实现与企业的联系,以使知识生产与销售有利可图,多数创业型大学都建立了相应的机构和工作程序来发展研究或帮助企业。它们还采取了不少市场营销的方法和策略,如将一些研究任务与教学活动外包,聘请组织外的专家与研究人员讲授课程、

---

① Shattock M. European Universities for Entrepreneurship: Their role in the Europe of knowledge the theoretical context[J]. Higher Education Management and Policy,2005,17(3):13-25.

参与研究活动或开发新技术,以节省人力等成本。"①这些策略,在很大程度上都是针对传统大学在与市场的联系及成本控制上的缺点的,在节约资金与销售有用的产品方面,创业型大学提供了成功的范例。

创业型大学最主要的市场开发与营销策略之一是单独设立专门的机构,由这些机构来专门研究并评估创业型大学所拥有的专利项目的市场前景,以及研究潜在的公司客户和政府部门的研究项目,并在更大的范围内寻找知识生产与开发的合作伙伴。"普遍的做法是,创业型大学会比传统的大学多设置一个部门,这个部门连接大学外部的知识需求,分析大学内部的知识生产与专利情况,以便由专业的市场研究人员从事专业性更明确的活动。"②通过市场开发与营销,创业型大学加强了与市场的联系。并且,创业型大学从客户出发,不断地强化着市场营销的策略。对于仍然保留着大学的组织结构与文化的创业型大学来说,这无疑是一种挑战。

此外,创业型大学开设的课程需建立在充分的市场调查的基础上,考虑所开设课程的市场适应性与灵活性也是创业型大学最基本的原则之一。创业型大学开设那些通过调查得知市场需求较高而传统的大学不能提供的课程,这种方法能吸引有迫切课程学习需要的人员以及愿意为员工提供针对性课程培训的公司。创业型大学在这方面的做法完全不同于传统的大学,传统的大学总是以一种高姿态提供各种课程,并且在课程的象征性价值上的考虑会超出课程的实用性价值,尤其是一些学术水平较高的传统研究型大学,它们通常不会为社会开设这种零碎的课程。创业型大学则不会太多考虑课程的学术传统以及与大学的身份是否符合之类的问题,也不会考虑以这些课程与人才培养来引领社会,或者去界定市场上对这种课程的需求是否符合理性,它们开设课程强调的是对市场需要作出最快的反应。创业型大学在多样化课程服务上的开发重点是收集市场上的课程需求信息,然后以一种有效的课程开发模式提供课程服务。

在多样化程服务领域,创业型大学比传统的大学做得更有效。在创业型大学

① Virgilio A, Meira S, Alberto M S, et al. The Entrepreneurial university: How to survive and prosper in an era of global competition[J]. Higher Education in Europe, 1999,24(1):11-21.

② Cowen R. The management and evaluation of the entrepreneurial university: the case of England[J]. Higher Education Policy, 1991,4(3):9-13.

的组织建构中,常设置专门的机构来收集社会各个群体对课程的独特需要的信息,包括对已经在接受课程的学生进行咨询,了解各类公司的需求,甚至雇用在新兴产业领域有些较好工作经验的顾问为创业型大学应该开设什么课程提建议。可以说,创业型大学在开设课程之前,已经充分地了解了市场上对课程的需求,因此,创业型大学开设的课程往往会有较高的收入回报。更为重要的是,创业型大学并不是盲目开设尽可能多的课程或做尽可能多的研究项目,而是把教学服务与研究服务限定在一定的范围之内,力求保证每个教学与研究项目都有可靠和较高的回报率。这与传统的大学在开设课程与开展研究活动的自由完全不同,却展现出非常高的投入产出比。

营销与市场开发对创业型大学来说还是个创造性的思维活动过程。因为,营销与市场开发在本质上是一种企业式的活动,是企业为了促销产品、扩大销售、提高市场占有率,在对市场、产品和消费者进行调查分析的基础上,根据市场客户的需求,对产品促销活动进行全面策划的过程。营销与市场开发固然使创业型大学在产品、消费者、市场前景、竞争对手等方面有了充分的了解,但却容易使大众认为创业型大学不是一个大学。而为了赢得客户,创业型大学又不能成为与它们的客户一样的公司。"只有在大学保持着它们与工业的极具差异的前提下,工业才会继续向它们寻求理念与解决的办法。"[①]创业型大学的市场开发与营销,也会令大学步入两难的境界。

(三)质量认证与管理体系开发

高等教育的质量管理在本质上是商业文化在"象牙塔"中的直接反应,在传统意义上,大学的质量只能由把握着学术权力的群体来评判,外行人是无法对高等教育的质量提出自己的看法的。在很长一段时间里,大学是社会的精英阶层为自身利益所建造的教育机构,不需要对社会整体负多少责任。因为高等教育对于精英阶层来讲具有象征意义,是与他们的社会地位相对应的象征性符号。但是从 20 世

---

① Declerco G. Cooperation Between Higher Education and Industry[M]. Uppsala:Uppsala University Press,1987:111.

纪中后期以来,人们对高等教育的质量问题看法开始有了转变,纷纷对学术标准下的质量观提出了意见。同时,随着政府与高校关系的变化,以及高校本身对绩效的要求深入人心,高校也纷纷开始改进自己的管理体系,向企业学习,试图以一种新的质量观和质量管理模式改变高等教育质量。尤其是商业领域中质量概念的深入人心与质量管理体系的成功,为大学的质量管理提供了可借鉴的直接模板。人们发现,商业运作的成功依赖于质量,在竞争的环境中获得最大的利润就要求降低成本和提高销售量,而提高销售量的重要途径就是使产品或服务在消费者愿意支付的价格上显示出较高的质量,以使消费者满意。这对于任何一个企业与公司来说,都是非常浅显的道理。"但在过去的很长时间里,与商业领域追求质量与对质量的关注形成鲜明对比的是,在高等教育领域,质量并不是高等教育部门关心的事情。高等教育被看作是一种拥有充裕的政府财政支持与保证的重要的公众物品。大学被看作是社会与经济责任的象征,并且借助于议会法案对大学的自治进行确认,使大学能保证其自身的价值和可靠性。"①

对于创业型大学来说,这种无须考虑所提供教育服务的质量,无须考虑大学为学生负责的状况必须改变。因为一方面,随着教育民主化程度的提高,高等教育不再为一部分人所独享,它的象征性价值正在为实用性价值所取代,那种学术传统的浪漫标准被强硬的功利标准所取代。同时,对创业型大学来说,学生的学费是其主要的资金来源。在创业型大学中,高等教育与其说是一种兼具公共性与私人的公共物品,还不如说是一种商品,一种服务商品。"服务还是教育? 这个对于非创业型大学来说可能会引起学术群体与行政管理人员争论的话题,在创业型大学里,虽然两者同样有矛盾,但创业型大学的管理者显然已经向组织内部的各个群体传达了这样一个信息:在创业型大学中,所有的教学与学习产品,都必须以商品的维度加以理解,只有这样,才可能把产品销售出去并获得利润。"②

创业型大学必须向各类可能提供经费的群体展示其所提供的教学与研究服务

---

① Lim D. Quality Assurance in Higher Education: A study of developing countries[M]. Burlington: Ashgate Publishing Company, 2001: 13.

② Liesner A. Education or service? Remarks on teaching and learning in the entrepreneurial university [J]. Educational Philosophy and Theory, 2006, 38(4): 483-495.

的可靠性与优越性,以获得对方的信任与赞助。在国家主体之外,学生与各种赞助商提供的经费成为创业型大学的主要资金来源,这就迫使创业型大学必须向学生和赞助商证明,它能提供满足他们需要的相关课程计划与训练。"今天,在高等教育领域,已经达成了两个共识:一个是需要为投入的资金负责并体现价值;另一个是需要建立政策和程序来保证质量的提高与持续,而这种共识在商业世界早就普遍接受。"①

那么创业型大学在质量管理方面是如何向商业世界学习并努力做得成功的呢? 创业型大学最主要的做法是进行质量管理与成就的标准认证,并对学习成果进行质量评估。认证就是检验创业型大学的教育目标是否已经达到,而且,创业型大学一般会要求这种教育目标满足甚至超过地区的教育质量公认的基本标准。虽然大学的教育认证过程并不像企业的产品质量标准一样可靠,但是创业型大学为社会认可的主要途径就是通过并拿到地区的教育认证。

与传统的大学看待教育质量认证的态度不一样,创业型大学对质量认证持完全的商业态度,这种商业态度与学术质量并不矛盾。创业型大学取得质量认证不仅仅是向社会证明创业型大学在资源上达到了一定的标准,而且,在某种程度上直接证明了自身具备质量的教学的可能性。当然,对创业型大学来说,拿到地区的认证仅仅是第一步,只是取得了办学的条件,要想与传统大学在教学与研究质量竞争中赢得认可并争取到足够多的客户让自己生存下去,还需要以更高的质量标准来要求教学与研究活动。额外的因素也是需要考虑的,那就是州或地区乃至于政府的高等教育认证机构,它们在对待创业型大学的课程与教学的质量认证申请时,往往会采用更严格的标准。这些高等教育认证机构的做法是可以理解的,因为它们担心以营利与利润为目的的创业型大学可能会违反高等教育最基本的一些原则。"在沃里克大学这类创业精神明显的高等教育机构中,以企业化方式管理的教学过程与研究机构表现出与它们的竞争者们毫不逊色的质量。我们不得不提醒人们注意,对质量认证的追求虽然使这类大学表现出教学质量合格的一面,但在对教师的学术权力权威与以体验为基础的学习生活的追求上,它们并不考虑将其加入认证

① Lim D. Quality Assurance in Higher Education:A study of developing countries[M]. Burlington:Ashgate Publishing Company,2001:14.

的标准程序中,而这些,我们认为是构成质量的必不可少的东西。"①

从传统的教育质量认证的专家们所要维护的某些高等教育核心价值来看,创业型大学对质量认证的态度显然是有缺陷的。创业型大学对质量的认识,与传统大学在不同的层面上运行,教师并没有作为一个共同的管理者参与到教学质量的认证过程中去,教师在许多时候只是被看作完成教学服务的雇员,无权对课程的设置、内容及学术标准发表意见。在取得面向管理者的必要质量认证之外,创业型大学还往往借助另一些质量管理体系来获得市场对其产品的认可。在创业型大学的强有力的领导核心的眼中,市场才是最终的质量检测系统。在这个市场检测系统中,高等教育作为服务商品的本质不会再受到学术传统的干扰,买方与卖方的关系彻底取代了那种模糊的学术评估关系。在这个市场检测系统中,劣质的教育产品与服务会因消费者的冷落而被驱逐出市场,而适应消费者需要的教育服务与课程产品会被消费者接受并购买。学生通过市场选择创业型大学的课程并付费,不表示他们想向大学教授们表示感激,而是他们认为这是自己付钱购买的一个服务产品与过程,他们享有相应的权利,创业型大学必须保证在这个过程中它们应当承担的责任。"出于对市场的责任,以及组织内部学术权力的妥善安置,创业型大学倾向于选择在商业世界里得到普遍认可的质量管理与认证体系,如 ISO9000 系列质量认证,向市场提供它们的质量管理过程的证明。"②通过这些面向市场的第三方质量认证,创业型大学可以更好地向客户保证其服务质量,客户不用担心创业型大学提供的教育服务会失去最基础的价值。"这些质量模式,不仅使作为向市场中的客户保证所提供的证书达到了最基本的标准,在更大范围的市场竞争中,通过这些质量保证模式,创业型大学还梦想在跨国的教育服务贸易中以较高的质量赢得市场份额。"③

当然,在一些创业型大学内部还设有专门的质量评估与反馈机构,对毕业生的

① Fuller S. What makes universities unique? Updating the ideal for an entrepreneurial age[J]. Higher Education Management and Policy,2005,17(3):17-42.

② Neal J E. Quality assurance in the entrepreneurial university[J]. New Directions for Institutional Research,1998,25(3):69-85.

③ Neal J E. Quality assurance in the entrepreneurial university[J]. New Directions for Institutional Research,1998,25(3):69-85.

就业情况进行监控，以期更好地保证其产品的市场责任。"这样做，一方面是为了获得更为重要的高等教育的价值；更重要的一方面是出于顾客的要求，保持高等教育机构通向市场和获得市场份额的方向。"①或许，这才是创业型大学在质量管理上的初衷。

（四）利益相关者/顾客群体分析

在"市场化生存"的环境中，对顾客或者利益相关者进行分析，是创业型大学的一项基本生存实践策略。所谓利益相关者，从广义上理解，可以是任何与创业型大学的发展有关的群体；在狭义上讲，可以是创业型大学的客户。对于创业型大学来说，它必须随时通过改进服务来应对学生与家长、企业与政府等顾客群体的需求。改进服务包括改进教学产品与研究计划，以加强与创业型大学各类利益相关者的联系，争取到更多的社会支持。"创业型大学有许多的利益相关者，内部的和外部的。最主要的利益相关者是学术机构、研究人员、专业人士、学生，以及机构的领导者、政府、国家机构和顾问机构等，还有商业与工业组织。创业型大学的领导者如何应付如此众多的利益相关者的不同需求？常用的方法是采用态势分析方法，即SWOT(strengths，weaknesses，opportunities，threats)对内外环境进行分析，以便得到大学和更广泛的社会合作的实际水平与质量的图画。"②采用SWOT分析法，是创业型大学从企业制定公司发展战略和分析竞争对手情况中学习到的生存实践策略。在市场竞争的前提下，创业型大学运用态势分析法在整体上看，一般分为两大部分：第一部分为S和W，主要用来分析内部的优势条件与缺陷；第二部分为O和T，主要用来分析外部的有利条件与存在的危险。创业型大学可以运用这种方法可以找出对自己有利的、值得发扬的因素，以及对自己不利的、要避开的因素，发现存在的问题，找出解决的办法，并明确以后的发展方向。根据这个分析，创业型大学可以根据利益相关者的关系远近将问题按轻重缓急分类，明确哪些是目

① Schutte F. The university-industry relations of an entrepreneurial university：The case of the university of twente[J]. Higher Education in Europe，1999,24(1):47-65.

② Stankovic F. Entrepreneurialism at the university of Novi Sad[J]. Higher Education in Europe，2006,31(2)：117-127.

前急需解决的问题,哪些是可以稍微拖后的事情,哪些属于发展目标上的障碍,哪些属于市场营销策略上的问题,并将这些利益相关者列举出来,依照矩阵形式排列,然后用系统分析的思想,把各种因素相互匹配起来加以分析,从中有利于创业型大学的领导核心作出较正确的决策和发展计划。

对于顾客的研究,创业型大学通过对企业的文化学习,做了超出传统大学能做到的水平。创业型大学的领导核心发现:"由于表达价值诉求的社会群体不是一致的,因此,在利益相关者的范围中,形成了有着不尽相同的高等教育价值诉求的利益相关者社会群体。比如,有首要利益相关者和第二利益相关者之分。首要利益相关者是那些对组织有着直接投资与利益关系的人,他们的持续支持对于组织的长久生存是必要的。首要利益相关者有机构股票的持有者、顾客、业主、雇员,供应商和其他的生产伙伴。如果首要利益相关者表现出对组织不满意或者从系统中撤离,对于组织将会造成巨大的损失。第二利益相关者是那些影响组织或被组织影响的群体,但是他们并不与组织进行交易,对于组织的生存来说并不是最重要的。第二利益相关者包括政府和管理者,社区和竞争者等。"①当然,需要解释的是,首要利益相关者与第二利益相关者的区分并不是绝对的,在某些特定的情况中,第二利益相关者会转变为首要利益相关者,这对创业型大学和其他类型的大学都是一样的。比如在一些特殊情况下,当示威游行等非正常的要求方式代替了正常的方式时,原来的第二利益相关者会马上成为组织或机构的首要利益相关者。在创业型大学这个新形成的领域中,这种情况是时常出现的。由于大学的主要经费仍然来自政府、公司或政府一些机构的研究项目,当学生的需要被相对忽视并通过正常的途径不能解决时,或当课程计划在市场中不受学生欢迎、学生退学时,学生就从第二利益相关者转变为首要利益相关者了。

事实上,创业型大学的利益相关者,远不止首要利益相关者和第二利益相关者两类。出于群体利益诉求的不一致,在利益相关者特征的基础上,创业型大学可以借鉴一些成功的模式对复杂的利益相关者进行分类,三个类别的特征是合法性、权

---

① Clarkson M B E. A stakeholder framework for analyzing and evaluation corporate performance[J]. Academy of Management Review,1995,20.

力和迫切性。"合法性指的是利益相关者对组织所提出的要求的合理性程度;权力指的是利益相关者对组织产生影响的能力;迫切性指的是利益相关者在交易中提出要求的反应速度和注意程度。"①通过对这三种利益相关者特征的交叉分析,创业型大学可以得到组织的八种利益相关者,每种利益相关者在权力、迫切性和合法性三个特征方面的程度都是不同的(见图 8-1)。在与组织的互动过程中,不管这个利益相关者是首要的还是第二位的,通过权力与迫切性,都可以对创业型大学的组织产生影响。因此,利益相关者可以对创业型大学施加压力,这种压力可以促使创业型大学制订更灵活的计划。利益相关者是创业型大学需要加以评估的力量,各种受益群体所形成的社会对组织的生存与发展都是至关重要的。

不管利益相关者之间的利益追求程度如何不同,"利益相关者概念指向高等教育两种外部因素参与的发展。第一,利益相关者指明了给予这些外部社会代表者角色的变化;第二,它意味着高等教育的行为必须对公众承担更多责任"②。通过这两种指向,借助市场的规则与机制,利益相关者分析使创业型大学更接近市场的真实需要。从创业型大学成功的利益相关者群体与顾客分析策略可以看出:"市场与接近市场的规则正迅速地被看作是促使高等教育机构'泰勒'化的最好办法——使高等教育机构更有效率,同时,企业化运行被选中作为高等教育组织模式改革的主要方式。"③

也只有当创业型大学将自己视为企业时,学生等利益相关者的利益才能得到表达,创业型大学才能真正视学生为顾客。并且,在这种由利益相关者管理(governance by stakeholders)的模式中,创业型大学可以免受官僚主义与学术传统力量的干预和影响,同时,由于外部利益相关者的存在,创业型大学可以采取一些措施来保证生存与发展措施的有效性。

---

① Mitchell R K, Angle B R, Wood D J. Toward a theory of stakeholder indentification and salience: Defining the principle of who and what really accounts[J]. Academy of Management Review,1997,22.

② de Wit K, Verhoeven J C. Stakeholders in universities and colleges in flanders[J]. European Journal of Education, 2000,35.

③ Magalhaes A, Amaral A. Portuguese higher education and the imaginary friend: The stakeholders' role in institutional governace[J]. European Journal of Education,2000,35(4):116-133.

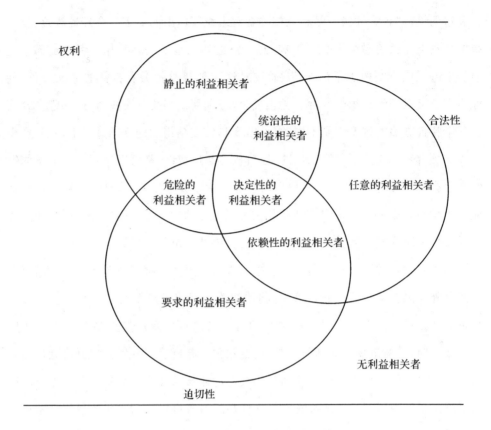

图 8-1 利益相关者类型

资料来源:Mitchell R K，Angle B R，Wood D J. Toward a theory of stakeholder indentification and salience：Defining the principle of who and what really accounts[J]. Academy of Management Review,1997,22.

(五)多元化的资金开发与成本控制

尽可能多地实现收入的多元化和有效的成本控制是任何一个在市场竞争环境中生存与发展的组织必须掌握的生存技巧。对创业型大学来说,经营成功与否,在很大程度上依赖于财政状况。除了一部分在社会上享有极高声誉的从研究型大学转型而来的创业型大学,如麻省理工学院与斯坦福大学之外,大部分创业型大学的资金开发都是需要付出极大努力的。这就如企业需要考虑到做生意的成本和公司的收支一样。

先来看收入方面,在伯顿·克拉克研究的典型创业型大学的案例中,虽然主要资金的来源途径不同,如有的大学主要依靠学费,有的则是从政府的研究机构那里获得大量的研究资助,但这些大学在收入上都开辟了尽可能多的渠道。通常,一所大学可以获取经费的来源主要有三条途径:第一条是作为主干渠道的政府的拨款;第二条是与大学的学科紧密联系的政府研究委员会的研究资助;第三条是在这两条途径之外的其他所有来源。创业型大学获得资金的模式在这三条渠道上与传统大学发生了变化,已有的研究充分显示了创业型大学由主要依靠第一渠道转向更多地依靠第二、三渠道的趋势,这种转变可以增加投资的总数,也给予学校更多的资金使用的自由,让创业型大学更容易走向自主(self-reliance)。"这种多元化的资金收入,对创业型大学的自主非常重要。现在大学可以追求自己认为合适的目标,而不必等待来得缓慢且常常在整个高等教育系统适用、附有标准化资金使用要求法规的资金的出现。增加第二、三渠道的收入,创业型大学就能够从容应对政府投资下降的冲击,而且可以把挣来的钱先投入急需资金的学科或研究项目上。"①对于创业型大学来说,从政府的资金依赖中脱离出来,依靠自身的经营来获得足够的生存与发展的资金,不仅仅是经济上自主的问题,还是将创业从一种组织变革方式转化成一种组织生存方式的问题。

从现有的创业型大学在第三条渠道上的收入来看,主要有三处来源:"来自其他有组织的政府方向的收入来源(other organized government source),来自私立组织的收入来源(private organized source),来自大学自身创造的收入来源(university generated income)。"②来自政府方向的收入来源方面,主要指创业型大学可以从政府的相关机构中获得竞争性的研究合同,这要靠创业型大学在解决政府职能部门的问题上的科研能力与专业竞争力。在许多国家,政府职能机构每年都会有大量的研究资助经费用于解决部门面临着的实际问题,它们需要源自大学的

---

① Clark B R. Sustaining Change in Universities: Continuities in case studies and concepts[M]. Bcukingham: The Society for Research into Higher Education & Open University Press,2004:77.

② Clark B R. Sustaining Change in Universities: Continuities in case studies and concepts[M]. Buckingham: The Society for Research into Higher Education & Open University Press,2004:77-83.

有效科研成果。同时,相应的部门也需要具备良好专业素质的毕业生,为培养这些人才,职能部门也可能会向创业型大学提供专门的资助。来自私立组织的收入来源,主要是商业性质的专业协会,希望通过向大学投资提高本专业的可持续发展水平,比如会计或护士协会等会通过与创业型大学建立某种合同培训来提高其行业的专业水平。而另一个私有组织资源的经济收入是同各种类型的企业、公司签订研究或教育培训合同。尤其是当创业型大学在提供的培训内容或在研究项目上能比传统大学更灵活、更贴近市场的时候,创业型大学更容易与工商业领域的公司建立长期的联系。这些公司希望通过长期或短期的合同,实现公司人员素质的提高或者缩短产品的研究开发进程等。此外,还有一些来自慈善基金的捐赠。不过,在与研究型大学的竞争中,大部分创业型大学很难从中谋到太多的慈善捐赠。有许多研究表明,因为创业型大学的营利性质,许多慈善基金组织都不将其作为捐赠的对象,所以,这部分收入并不稳定,在整体收入的比例上也比较少。"在富裕的国家中,越是著名的大学,获得大额捐赠的可能性越大,富人们希望通过捐赠与常青藤联盟中的某个大学的某个奖学金或教学楼的名字发生联系,实现自己名声的历史传承。……营利性的创业型大学,由于它们特殊的学术氛围和变革的特征,几乎没有什么慈善基金收入。"①

在第三条渠道的收入中,大学自身创造的收入可能最为稳定可靠了,从营利的角度来看,这是创业型大学生存实践中最基础的一块收入。在这块收入中,以经营大学的方式获得的主要是学费、学生在校园中的消费和大学转让技术专利的收入。学费的收入对于创业型大学来说尤为重要,许多创业型大学除了学费之外就几乎没有什么别的收入了,而且还要缴纳很大一部分的税收。因此,广开生源,在学生能承受的范围内保持学费的收入,就成了创业型大学的重要课题。于是我们可以看到,在创业型大学的学生中,有相当部分是已经工作的员工,他们能承受的学费往往比一般大学中的学生会高一点;还有一些是来自外国的留学生,他们也愿意付出较高的学费。

---

① Paunescu C. Entrepreneurial University: Concurrent practices in the US business higher education system[C]. Proceedings of the IABPAD Winter Conference, 2005.

创业型大学的自身收入中还包括从学生在校园中的消费来获得利润,形成一部分可观的资金,沃里克大学就是一个范例。"大学通过以有偿教学和科研为中心,包括资产分派活动,例如大学主题活动附带的服务收入、地产租赁、复印和图书馆服务等;特殊的活动,即会议中心、校园超市、新闻出版社等提供服务,以增加盈余;自我资助活动,如收取学生宿舍租金、供应食品、复印照片等,获得了可观的收入。"①此外,通过大学拥有的专利技术的转让,创业型大学还可以获得一笔可观的收入。"专利技术的研究投入往往可以带给创业型大学可靠的资金收入,在大学日益趋向创业的大环境下,通过向公司技术转让而获得的资金,在一些有着良好研究与开发能力的大学里所占的比重呈上升趋势。"②尤其是一些生物医药类的专利,市场售价经常是令人吃惊的。"高校从多种渠道参与了知识的资本化及其向生产要素转化的过程。……一家生物技术公司以 2000 万美元购买治疗肥胖基因的专利许可权,并签约'如果此项专利的确对治疗肥胖病人有疗效,公司会出几倍于当初的价格'。从历史角度看,创业型大学是大学延续中世纪保存和传播知识的机构进而发展成为创造新的知识并将其转化到实际应用中去的多功能机构。"③

在了解了创业型大学的收入之后,再来看看创业型大学的成本控制。创业型大学一般都会有一个非常严格的年度财政预算,大学既要保持较高的教师工资以吸引和留住教师与研究者,但是又必须在其他地方尽可能地做到节约和高效率。"创业型大学的支出,除了教师工资之外,最主要的就是行政管理人员的薪水和其他办公所必需的费用了。在创业型大学里,终身的员工比例很少,许多课程主讲教师是兼职的,这样可以减少大学的许多负担……甚至在一些创业型大学里没有学生公寓,以减少一笔费用。"④严格的预算和尽可能减轻不必要的支出,虽然被人们

①　Clark B R. Sustaining Change in Universities：Continuities in case studies and concepts［M］. Buckingham：The Society for Research into Higher Education & Open University Press，2004：80.

②　Powers J B. R & D funding sources and university technology transfer：what is stimulating universities to be more entrepreneurial? ［J］. Research in Higher Education，2004，45(1)：5.

③　埃兹科维茨. 麻省理工学院与创业科学的兴起［M］. 王孙禺，袁本涛，等译. 北京：清华大学出版社，2007：13.

④　Powers J B. Critical Resource Effects on America's Universities：What's behind the growing entrepreneurial orientation? ［D］. The Annual Meeting of the American Educational Research Association，2002：1-21.

批评是一种简装的大学教育,学生无法获得大学教育过程中应有的体验与精神享受,但是,创业型大学并不打算为抱着这种教育理想的人服务,社会中有丰富的对简化了的大学教育的需求,创业型大学抓住了这一点。而且,创业型大学对招收到的越来越多的生源,以尽可能简洁的方式提供知识服务,避免了传统大学教育中的低效、奢侈与浪费,由此成为创业型大学生存实践中的另一条基本原则。

二、创新与创业:创业型大学的成功经验

在高等教育的发展史上,任何一种新型高等教育机构的出现在开始阶段都充满了争议。这里面既有传统大学形象造成的思维定式,也有认同新事物需要过程与时间的原因。创业型大学不管是新型大学机构的建立还是传统大学的组织转型,同样面临着自身的"身份塑造"与外部对它的"身份认同"两方面的挑战。尤其是与原来的高等教育机构相比,创业型大学的历史并不长,发展的前景仍然不明晰。在这个前提下,创业型大学的成功案例固然为人们所津津乐道,创业型大学存在的种种问题,特别是对高等教育系统的核心价值体系造成威胁的方方面面,一直处在争议甚至被"剿杀"中。当然,对于创业型大学成功的经验、存在的问题以及背后的理论,机械的二元对立式的论争是没有多大意义的。无论是整个高等教育系统还是创业型大学这个独特的群体,都需要对经验和问题加以理性的分析,以找到其本质的原因。

世界各个国家和地区的创业型大学,由于各国国情不同,发展基础也不同,从而有各自相异的发展经历。但是从整个发展历史来看,当前世界创业型大学在发展过程中有几条共性的核心经验,值得我们认真分析并吸取。成功的经验主要体现在变革大学的精神理念;积极实施教学主体的创业实践;多渠道的经费收入;拓展外围联系;发挥学术科研的核心部分力等综合要素,从而形成整合的系统,具体体现在以下几个方面。

(一)变革精神以配合创业型大学发展方向

"求稳"是大学故步自封的表现,而"求变"则是大学应对时代挑战的必然选择。

如果说大学精神及其行为方式上的传承使大学保持相对的稳定和身份的连续性,那么环境的变化及其压力则必然会无情地促使大学进行适应性变革。社会地位的提高、办学规模的不断扩大等,都使得现在的大学再也不应固守在"象牙塔"里追求纯粹知识的传授与发展,而应主动融入现实生活中,以源源不断的知识创新来提高人们的生活水平,促进社会的进步。

创业型大学首先需要做到精神先行,即变革大学精神,在思想上寻求创新,勇于突破,树立迎接挑战的信念。更新大学理念,需要大学将创新视为生存之道,对自身正确定位,敢为前人、他人之所不为。①

从创业型大学的成功经历中看,正确地确立大学新精神无疑是各个大学共同的特点。作为精神象征的创业信念并不是大学校长或者其他重要人物事前规划和预先设定的,而是在大学的摸索性创业过程中逐渐形成的。在创业初期,诸多创业创新理念彼此交汇激荡,并逐渐提炼为整个机构的信念,随着它的影响力的发挥,一种新的组织文化得以产生。这种文化为大学机构和成员提供了统一的身份特征和世界观,并最终演化为激动人心的组织传奇。如传诵一时的"沃里克道路""斯特拉斯克莱德现象""硅谷奇迹"等,就是由成功的创业信念所积淀而成的新精神,对大学的创业型建设起到了积极的指导作用。

(二)深化落实师生互动的创业实践

任何类型的大学体制改革都要坚持以人为本。师生是大学的主体,创业型大学的成功案例,都重在激发师生创新活力,深化师生互动的创业实践。

欧洲以英国沃里克大学为例。该校在建设创业型大学期间优化人才引进机制,加强对教师课题创新性研究及重视青年教师参与课题研究,鼓励教师承担社会课题及与国外合作的有关课题。就学生而言,沃里克大学通过表彰科研成果等形式培养学生的创新能力,通过社区服务、实习操作培养学生的实践能力,通过提供资源等方式鼓励大学生创业。美国在深化师生互动创业教学实践方面,也作出了很大努力,取得了成功。美国社会的创业氛围也很浓,与大学的创业氛围相互促

---

① 彭绪梅.创业型大学的兴起与发展研究[D].大连:大连理工大学,2008:85-89.

进。美国的创业型高校鼓励教师创业,要求大学教师不仅有较强的理论专业知识功底,还要在实践中有重要的地位。美国大学教师和学生各自创业或联合创业的现象很普遍。搜狐公司董事主席兼首席执行官张朝阳博士就成长在麻省理工学院的创业环境中,张朝阳博士在 1996 年 10 月先后说服麻省理工学院的教授爱德华·罗伯特、尼葛洛·庞蒂、同学 Brant Binder 等投资他创办的爱特信公司,结果成就了现今的超级门户网站——搜狐网。[①]

此外,欧美大学还鼓励跨学科、跨国界的科研合作,鼓励多学科的教师共同努力创新;加强留学生教育,增进留学生与本国学生的交流,促进不同国家、不同文化和不同背景人员之间的合作,这些方面的成功经验值得我们思考和汲取。欧美成功经验告诉我们,创业型大学要求高校教授不仅在学术研究和咨询上卓有建树,而且要具备领导学生团队、通过师生互动开展创业实践的能力。

(三)灵活拓展创业型大学的经费来源

创业型大学是一项长远且需要巨大投资的工程,其发展需要大学灵活拓展创业型大学建设的经费来源。由国家单独来负担学校发展的所有费用,这在当今的社会是不现实的,而且也存在很多弊病。灵活拓展创业经费支撑,对于当今世界高校的发展,特别对国家拨款依赖性极强的我国高校的发展,无疑是一种重大的突破。此外,灵活拓展创业型大学建设的经费支撑,对于高校自身来说,是其建设发展过程中的必经之路和成绩达标的一项证明。

首先,成功的创业型大学在其发展过程中,都注重改革财政预算制度,开拓多元的资金来源,这是世界上成功的创业型大学共同主张的做法。[②]哈佛、斯坦福等自筹经费,发展与企业的合作,推进后勤社会化,进行校友筹款等,为大学顺利地运转提供了充足的资金保障。以南洋理工大学为例,在创业型大学初创之期,校方就认识到有效的财政预算及经费管理是各种储备资源使用最优化的保证。南洋理工大学采用了积极寻求更多经费来源渠道、制定自主型财政预算制度的策略。学校

---

① 摘自周周的博客. 可悲,中国没有创业型大学[EB/OL]. http://blog. sina. com. cn/s/blog_4e4ac3d40100d3ii. html,2009-04-11.

② 冒澄,操太圣. 走出"象牙塔":西方创业型大学的实践及启示[J]. 全球教育展望,2009(3):46-51.

通过完善预算管理组织机构，建立自下而上的预算制度，给予基层院系经费使用自主权，允许院系保留盈余，以此激发院系自主创业、争取社会资源的积极性。

其次，借鉴伯顿·克拉克的第三渠道经费理论，灵活多元的资金吸收机制可以在传统的政府投入与学费收入之外增加新的来源。① 经费渠道可以从其他类型和层式的公共组织中获取经费，芬兰政府部门就通过合同订立向大学分配资金；二是来源于私人组织的资金；三是来源于大学自身的创收，包括基金和投资的收入、大学校园服务机构所得、学生的学费和消费、校友筹款、大学和教职工共享的知识产权专利税等。只有第三渠道实际聚集起来的资金充足，大学有可自行处理的资金，它才可以理直气壮、独立自主地采取创新性步骤，并对校内的不同系科进行交叉补助，从而提升全校的整体科研水平。

（四）加强高校教学与外围组织的联系

在创业型大学成功的经验中，很重要的一条就是大学走出"象牙塔"，将传统学术场域中的限制抛开，以企业家的精神与外部组织加强联系，寻找大学新的发展空间。"加大高校教学与外围组织的联系，是为建设创业型大学提供实践的平台。"② 如果没有这些创业实践的平台，那么建设创业型大学又回到了"象牙塔"式的憧憬。

美国创业型大学非常注重加大大学与社会联系的力度，通过知识技术商业化，使大学在国家和地区经济发展中发挥着日益重要的作用。这些创业型大学非常注重大学与政府、工业之间的联系和合作，其主要的方式是在大学之中构建新型的"外扩单位"，构筑大学的"发展外围"，在以系科为基地的"专家组"之外，还有以接纳外部研究、训练任务为特征的"项目组"的补充。外扩单位和发展外围的运作方式，重点是组织和扶植跨学科的、以问题为中心的教学、科研机构，并使这些机构和大学以外的一大批以知识为中心的企事业单位紧密结合，包括工业实验室、政策思想库、管理咨询处等。借助这些机构，大学可以进行合作研究、咨询服务，并承揽以问题为中心的研究任务，开展跨学科的研究服务。

---

① 莫甲凤.试论我国建立创业型大学的路径选择[J].煤炭高等教育，2008(5)：54-58.
② 陈笃彬，吴敏生.创建创业型大学路在何方[J].资治文摘(管理版)，2009(1)：129.

大学与社会联系的紧密程度直接关系着大学的生存和发展。当前创业型大学一直在强化与所在社区、地区的联系,积极承担本土研究课题,加强学术专业与社会的联系。许多创业型大学甚至通过学校的外事工作加强与国外研究机构的长期稳定合作,以国际化加强与企业合作体系的构建。一些创业型大学还专门成立与外部组织联络的中介机构,负责加强学校和企业的联系,并从制度上保证参与者的利益,从而进一步加大产、学、研相结合的力度。

(五)发挥学术科研的核心创业力量

传统意义上,大学与企业有着极大的差别。创业型大学在组织形式上介于大学与企业之间,但它与企业还是有着本质的区别。企业的终极目标是追求利润的最大化,学术与科研是其赚取利润的主要手段。创业型大学则不同,学术与科研服务不仅仅是赚取利润的手段,其目的是通过对学术与科研市场价值的开发来进一步实现学术与科研的发展,这从根本上决定着一所大学的实力与未来的发展前景。创业型大学的成功经验说明,创业型大学建设要避免急功近利的、脱离学术性的创业活动行为,树立大学长远发展的目标,这样才有助于增强学术性的创业。对于创业型大学来说,这才是真正有价值的创业。[①]

在发展创业型大学的进程中,注重发挥科研学术的创业核心力量是信息时代、科技时代的必然要求,因为知识转化为经济生产力的周期在逐渐缩短。此外,这也是由高校是科技创新的源泉这个性质所决定的。原本为世界著名的研究型大学,具有杰出的学术成就,拥有一流的科学大师(如诺贝尔奖获得者)和国际水平的实验室,尤其拥有自主知识产权、技术转让项目以及同高技术工业建立合作伙伴关系的优势等,这些都是著名研究型大学建设创业型大学的有利基础。

以剑桥大学的革新举措为例,在英国政府支持下,该校于1999年专门成立"剑桥-麻省理工学院研究院",作为剑桥大学和麻省理工学院携手大步发展的战略联盟。研究院的使命是借助剑桥大学和麻省理工学院的知识、专家智慧和资源,为学生、学术界、合作伙伴和政府提供有效的学习机会、研究机会和商业机会,从而增进

---

① 向春.创业型大学的理论与实践[J].高等工程教育研究,2008(4):72-75.

英国的国家竞争力、生产率和企业家的创业精神。①

　　成功的创业型大学在积极激发科研学术核心力量的同时,还高度重视平衡协调不同学科面对创业型行为的不同反应。由于学科性质的限制,不同学科的创业能力以及他们对待创业的态度是各不相同的,这就在大学中造成了创业型学科与传统型学科之间的分裂。为了保持大学内部不同学科之间的团结,维护大学自身的统一,成功的创业型大学一般实行交叉补助政策。交叉补助的方式灵活多样,可以跨系、跨专业进行,也可以在教学和科研之间进行。

　　总而言之,上述五大成功经验互相依存,彼此推进,缺一不可。五者的相互作用是经历了时间的考验渐进式形成的,从根本上讲,是一种内源性变革。五大成功经验必须彼此整合,才能真正构建起"创业型大学"这一革命性概念。

---

　　① 叶通贤,周鸿.欧美创业型大学的辉煌成就及其对我国的启示[J].现代教育科学,2009(11):43-47.

第九章 创业型大学的启示:以创业精神实现真正自主

一、创业型大学对我国高等教育的启示

(一)给予大学更多的自主权

在创业型大学的应有之义中,自主是必不可少的元素。若期待我国涌现出成功的创业型大学,政府首先就需要给予大学更多的自主权,给大学在人事、资金安排、专利转让、学术自由、办学自由等方面真正意义上的自主权,以激励大学的创业行为。

创业型大学的出现,在表象上表现的是大学的各种创业活动,尤其是争取资金渠道的多元化,通过创建外延性的专利技术转让办公室等,使大学表现得更像一个企业家或创业者。但在本质上,创业型大学的出现,是大学从受资助的自治走向自主自治的转变。欧美各国的创业型大学,很少有完全脱离国家的财政支持而独立自主的,除了美国极少数的营利性高等教育机构可以做到完全独立。在"创业型大学"这个概念的深处,强调的是大学可以摆脱对国家财政拨款与政策的依赖,自主制定独立的、不受政府影响的发展战略,就如同一个企业家不受工商行政管理部门的影响自由设定企业目标与发展战略一样。根据创业型大学研究的创始者与集大成者伯顿·克拉克的观点,自主(self-reliance)这个词除了有在资金上不受政府这个第一渠道的影响这层意思之外,还有对大学成为真正的自我主导的组织的含义。"由赞助者授予大学形式上的自治,并不能保证大学主动自治,自治的大学也许是一些被动的机构。它们可能为过去生活,而不是面向未来;它们也许满足于过去的

成就，而不愿有所前进；它们可能通过非正式的协议，决定和它们所在地区或国家的同类院校亦步亦趋，一起沉没或者一起游泳。于是，它们偏向停滞不前。"①显然，创业型的自治是指完全摆脱了政府与其他影响因素，完全由大学自己决定内外部发展战略的自主。

西方高等教育的核心传统之一就是大学的自治，大学享有高度的自主权。确实，拥有自主权是大学这盏人类知识和思想之灯散发惊世夺目光辉的前提条件，离开了自治，大学就会失去它应有的精神指南的象征价值。这从中世纪大学以迁移相威胁来保证其自主权的史实中可以证实，从世界著名大学为保持自主传统与强权政府进行不屈斗争的例子中也可以得知。大学应当是自律的，这是大学精神最为深刻的前提，也是大学本身固有的内在发展逻辑。但是自二战以后，世界上几乎所有国家的高等教育都离不开政府这个最大的资助者，很少有大学可以承受失去政府资助的打击。而政府的资助往往附带着许多规则化的要求，这对大学的自治形成了威胁。创业型大学的出现，使在大学自治与自主方面，有了另一种可能的方向：大学不是外在目的的属物和附庸，它可以按照自己养活自己的原则建立起来。创业型大学所标显出的正是这个更高层次、更高度的自治权力，是一种"站起来的"大学，独立的大学。这种"站起来的"大学主动地行使着自治的权力，而不是被动地被某个权威组织赋予有限制的自主与自治。创业型大学展现的是一种新自主模式，"这种自主模式具备把国家财政拨款以及其他形式的资金投入看作整合资金的自信心。院系知道国家的财政政策，但承认大学有权根据学校发展需要分配资源。学校基于自身发展的有利原则而不是为了吸引国家财政拨款采取扩大发展空间的措施，制订自主的战略发展计划，而不是简单反映来自国家政策的发展策略"②。

创业型大学所追求的自主，对我国高等教育系统中那些有着创业意愿与潜力的大学来讲，无疑具有极大的借鉴意义。由于历史的原因，长期在计划体制下生存与发展的中国高等教育机构缺乏自治的传统，学术自由、教授治校等逻辑与理念更多是对欧美大学与旧社会时期大学的描述，在现实生活中，大学、政府与市场三者

---

① 克拉克．建立创业型大学：组织转型上的途径［M］．王承绪，译．北京：人民教育出版社，2003：3.
② 夏托克．成功大学的管理之道［M］．范怡红，译．北京：北京大学出版社，2006：165.

之间的关系,基本上是政府处于主导地位。从中华人民共和国成立以来我国高等教育的院校调整、大学合并、人事管理体制的中央集权程度中都可以看到这种状况。虽然改革开放以来,强调高校要面向社会办学、增加高校的办学自主权,但在整体的管理体制上仍然是国家行政主导的模式。在这种管理体制下,学术权力与行政权力之间是一种不平等的、结果不言自明的博弈,极容易造成学术官僚主义,大学缺乏活力,难以真正按高等教育自身的内在逻辑发展,大学的发展容易依附于政治功能与其他外在的影响因素,从而丧失其应有的社会功能。缺少了真正办学自主权的大学,要么一味地由教育行政体系维护着大学稳定,要么在面向市场的过程中完全缺失自主经营权,看不清真实的社会需求,如是,创建中国特色的创业型大学也就无从谈起。

(二)确立高等教育多样化发展的政策导向

创业型大学并不只是研究型、学术型、高水平大学在财政压力增大、知识商品化、高等教育大众化外部诱因下产生的大学的组织转型与变革的选择,作为一种高等教育机构"市场化生存"与学术资本主义的必然产物,创业型大学也可以是传统大学的选择。如伯顿·克拉克的研究所显示的,并不是所有的大学都会选择创业型作为其发展道路。"许多大学并不会尝试把自己转变成一个具有高度前摄性的大学组织形式。它们可以轻易地找到保持传统与惯性的基本原理:传统的途径将会在很长的时间里证明自己是最好的生存方式。如果大学因缺钱而困扰,政府官员和其他的赞助人会很快来到它们身旁了解它们的诉求,并且会意识到为了国家,必须给这些大学优先安排资金,以更高的资助力度来帮助大学……大学应该继续做那些值得尊敬的事情,而不必为钱发愁。"①也就是说,选择创业型的发展方向,并不是高等教育发展的唯一模式。许多大学仍然保持着传统的功能,形成了高等教育系统的功能多元化。可以有一部分大学选择创业型的方向,但我们无法想象所有大学都选择创业型的后果。有研究表明,虽然美国的许多研究型大学表现出极强的创业倾向,但并不是所有的研究型大学都选择了创业,不同的大学存在着不

---

① 克拉克.建立创业型大学:组织转型上的途径[M].北京:人民教育出版社,2003:170.

同的创业倾向。根据大学的创业行为在组织行为中所占比重的程度，我们可以将大学分成Ⅰ型创业型大学与Ⅱ型创业型大学（见图9-1）。

　　研究结果表明，各个大学的创业因子各不相同（见图9-1）。"一些传统名校在学术方面虽然具有极强的优势，但是在创业方面却表现平平，如哈佛、耶鲁等。此项差异说明，出于大学传统和学术价值观，一部分研究型大学不是将其研究直接面向社会经济的需要。"[①]显然，我国高等教育需要从功能多元化的角度来看待创业型大学，看待中国高等教育系统中不同机构应承担的不同的任务。

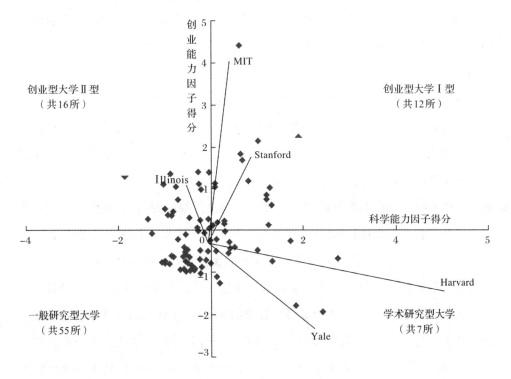

图9-1　美国90所大学因子得分散点分析

资料来源：王雁，孔寒冰，邹晓东，等.抓住第二次学术革命机遇建设中国特色创业型大学[J].教育部科学技术委员会专家建议，2007，12：6.

　　①　王雁，孔寒冰，邹晓东，等.抓住第二次学术革命机遇　建设中国特色创业型大学[J].教育部科学技术委员会专家建议，2007，12：6.

　　我国大学的发展现状与高等教育机构功能的多元化存在着较大的差距。虽然在大众的心目中,北京大学、清华大学等传统学术型大学与一般的地方大学应承担不同的功能,不可能要求所有的大学都以北京大学与清华大学为发展目标,但在实践中,我国对大学的评价多是以科学研究能力为主要衡量指标,大学向往的也多是传统学术研究型的发展方向,一般的地方院校并不是将服务于地区的社会发展为主要任务,而是竭力争取更多的硕士点与博士点,将主要精力用于提升科学研究能力上,结果造成了我国大学的千校一面,特色不鲜明,服务地方社会发展的能力不强。殊不知研究型大学还有多种发展模式和类型,其中既有由麻省理工学院的研究型大学发展而来的创业型大学,也有以教学服务为主的创业型大学,如澳大利亚莫纳什大学。

　　就发展创业型大学来讲,固然麻省理工学院、沃里克大学的创业型大学对我国学术研究高水平大学的组织转型有很大的启发,但莫纳什大学的转型之路同样可以为我们提供了一个转型多样化的案例。它以教学为首要途径:承担区域的本科教育的重要任务;承担国际化教育的任务,突出了自己独特的社会功能,实现了自我依赖的发展。我国的高等教育发展可以从中得到很好的启示,那就是如何对不同类型高等教育发展进行科学合理的定位,真正办出具有中国特色的现代大学,建设有中国特色的创业型大学。教育部前副部长吴启迪曾特别强调:"中国高等教育的发展一定要走多样化的道路。"这是非常有道理的。国家与社会需要不同层次、不同水平、不同特色的大学去培养各种各样的人才,而多样化的人才培养也需要不同的培养机构,这就要求我们具备一个功能合理的高等教育系统。其中既有北京大学、清华大学这样的学术型大学,也有哈尔滨工业大学、中国科技大学这样的大学,还有为社会培养合格的技术工人的高等职业教育机构。中国要建一流的学校,不光要建一流的研究型大学,还要建一流的高等职业院校,以及其他类型的学校。对应不同类型的学校,我们就要有不同的标准、不同的指导原则,这就要求国家对大学的评估体现分类指导的原则,不要求北京大学、清华大学与地方性大学在功能上一样,要让各级各类的高校协调发展,实现高校功能的合理分工。

（三）加强"经营"高等教育的意识

在管理方面，创业型大学给我国高等教育的启示，最具有价值的莫过于创业型大学对大学事业的经营了。"经营一词，在基本的概念上同于管理，其重点在于强调如何使组织创造价值与财富，如何增加生产力，同时追求组织的最大边际效益。"①经营意识也是创业型大学区别于非创业型大学的一个主要特征。"向工商业领域学习市场营销等理念与技术，将大学的教学产品、科研产品向社会推销以实现资金来源的多样化是创业型大学生存的必需技巧。同时，创业型大学的领导者还要经营组织的文化与大学的理念，要像一个 CEO 管理公司一样经营大学。"②

20 世纪中后期以来，不仅仅是创业型大学形成了经营理念与意识，普遍的非创业型大学也在管理上引进经营理念，希望使大学摆脱公众眼中的迂腐与低效率形象。现在人们普遍接受了大学经营的必要性，虽然还是会有人对大学的学术性传统与经营、管理主义之间的矛盾表示担心，但是更多人认为，在现代的大学组织变得越来越庞大，面临的任务越来越复杂的时候，需要科学的经营意识来保证大学的学术水平和在复杂社会中的生存与发展技能。创业型大学恰恰最为集中地反映了经营大学的理念与成熟的技术，这对于我国高等教育的管理创新来说无疑是非常鲜活的例子。

虽然高等教育的产业属性无法否认，市场作为引导高等教育资源配置的方式与手段也已经被证明是一种有效的方式。从目前我国的高等教育管理体制来看，自上而下的行政化管理所造成的束缚已经深入每所大学的骨髓之中，大学习惯了计划体制的行政式管理，因此，对于如何经营高等教育这个命题，无论是对大学的校长们来说还是主管部门来说，都是新的挑战。我国长期实行高度集中的计划经济体制，与之相适应的高等教育管理体制也呈现出高度计划性的特征。这种高度集中的高等教育管理体制在中华人民共和国成立初期的国民经济恢复过程中，确实为祖国培养了大批高级专门人才，起到了不可取代的积极作用，但自 20 世纪 90

---

① 赵中建. 学校经营[M]. 上海：华东师范大学出版社，2006：2.

② Zilwa D K. Using entrepreneurial activities as a means of survival: investigating the processes used by Australian universities to diversify their revenue streams[J]. Higher Education，2005，50(3)：387-411.

年代以后,随着社会主义市场经济体制的逐步确立,传统的高度计划的高等教育管理体制越来越无法与经济和社会发展的步伐相适应,可经营高等教育意识尚未被大学的管理者们所普遍认同,因此才会有人说我国的大学是"计划经济最后一个堡垒"。不管这种说法是否妥当,但不可否认的是,当前大学的管理在某种程度上仍然是政府管理职能的一种延伸,其行政构架基本上仍然沿用了计划经济时代的政府管理模式。

为了改变这种状况,我国的高等教育曾尝试过产业化与市场化的改革,但是在经历了市场化、产业化的大讨论之后,已经明确了我国高等教育不能走市场化与产业化的道路,不过这并不说明市场与产业领域中的良好经验不可以应用到高等教育领域中去。对于现代的大学管理来说,成功的创业型大学所揭示的经营意识的重要性,是任何一所大学的管理者都必须要具备的。"大学经营是大学在一定社会经济条件下根据自身价值取向,依据所处时代经济社会运行的机制和规律,构建其管理体制、运行机制和控制体系等教育管理系统,调整和修正大学与社会其他组织的关系,使大学真正成为经营主体,在开放的国内外市场中博弈并取得最佳社会效益、经济效益和生态效益的活动与过程。"①经营大学的这些要求,对于我国的大多数高等教育机构来说,都是当下与未来需达成的目标。

在 2006 年山东临沂师范学院召开的"大学经营国际论坛"中,与会的专家们纷纷提到了"经营"对于我国高等教育质量的提高与管理创新的重大意义。英国沃里克大学的成功经验,最为突出的一条,就是用经营性的理念去办大学,即用企业的精神办大学。② 欧美创业型大学的经验告诉我们,经营大学要求大学以市场需求为导向,有科学的定位,坚持走特色发展的道路,在经营战略的选择上,有低成本和差异化发展意识,大学必须建立健全运营成本控制机制和效益分析机制。这些都是我国的高等教育管理所亟待加强的方面。

---

① 陈新忠、李忠云.大学经营及其风险防范[J].黑龙江高教研究,2006(2):79-81.
② 许杰.中外大学经营的成功范例的启示[EB/OL]. http://news. xinhuanet. com/school/2006-11/11/content_ 5316039. html.

(四)以法律促进高校研究成果的知识产权转化

创业型大学为我国高校科研成果的转让与如何更好地转化成生产力提供了良好的启示。以麻省理工学院为典型的创业型大学,在全球树立起了政府、高校与企业合作的成功模式。大学应该积极推进教学、科研的产学研合作,使大学成为产学研合作的三重螺旋结构的推进器,而政府应该通过合理的法律与政策来促进高校的科研成果与企业的顺序对接。

创业型大学发展进程中的麻省理工学院模式与美国政府的《拜杜法案》可以为我国政府制定相关的科研成果转让规范提供借鉴。《拜杜法案》在1980年通过,其核心思想是将联邦政府资助的大学内研究的知识产权,由政府转移到产生该发明的大学。法案出台前,由于大学的研究受到联邦政府的资助,研究成果的知识产权归联邦政府所有,这种限制使得大学的研究积极性受到抑制,也缺乏将研究成果转换成产业上的激情。《拜杜法案》的通过,极大地激励了美国大学研究人员将科技研究成果应用到产业上的热情,对美国企业的技术领先起到了巨大的作用,实现了政府、高校与企业的三赢。"在《拜杜法案》通过之前,政府将知识产权交给适当的机构处理。一些机构积极努力保证产权投入使用,而另外一些则没有任何行动。"①其实,不仅是美国政府,其他国家的政府也都没有能力处理好知识产权的应用问题。而且,在《拜杜法案》通过之前,企业对政府拥有的知识产权存在着"搭便车"的现象,它们往往认为这些知识产权是用公共税收与经费支持的,当某个企业利用某个知识产权开发出新的市场化的产品时,其他公司就会理所当然地去开发类似的产品而不会有知识产权的争议,因为知识产权是公有的。《拜杜法案》则把知识产权给了大学,明确了受联邦政府资助的知识产权的所有权性质。这项法案使大学更容易为公费补助的研究成果取得商业专利,并且有权授予外界这些专利。美国国会与各州议会也资助各种大学与民间企业合作的创业投资,以帮助学术研究的成果转化为新的产品或生产方式。自法案颁布的短短十年内,已有两百所美

---

① 埃兹科维茨.麻省理工学院与创业科学的兴起[M]. 王孙禺,袁本涛,译.北京:清华大学出版社,2007:157.

国大学设置专门的机构,负责向外推介学校拥有的商业价值的研究成果,同时申请专利,授权民间公司利用或生产。[①] 可以说,在此项法案的促进下,人们充分认识到一所大学研究室里的一项发明,可以是一个新兴企业的起点。我国在这方面尚存在许多有待改进的地方,这固然同我国大学目前的技术创新程度不高、难以在企业领域发挥较大的影响力有着密切的关系,但从政府制定政策与法律保护大学研究成果的知识产权及其转让制度以促进人们对科技创新的投入来看,我国这方面的法律政策还有待完善。"缺乏鼓励科技经纪人和机构的政策,中介人的权益得不到保证;缺乏明确的校企合作开发中知识产权的保护和科技奖励制度、政策;法律之间缺乏衔接,系统性不强。"[②]《专利法》《著作权法》《促进科技成果转化法》等虽然对知识产权进行了保护,但高校科技创新成果市场转化的长效机制还有待进一步完善。

如何借鉴创业型大学在专利技术转让方面的成功经验,是我国急需补上的一课。

(五)加强高等教育机构与地区发展的联系

所有创业型大学的一个共同的特征都是以教学服务或者研究来参与当地社会的发展,以大学自己的或合作的经济实践推动科学技术的进步。创业型大学在经济与社会发展过程中发挥的重要作用,不仅包括创业型大学要成为创新活动的源头活水,而且还要成为区域创新活动的组织者。

为了做到促进区域社会发展的目标,创业型大学相应地建立了校内管理体制。创业型大学的组织结构较传统的大学更加扁平化,管理重心向学院下移,充分调动学院的办学积极性和主动性,使学院真正成为相对独立的办学实体。同时,创业型大学设立了专门的服务于地区经济发展的科学技术转移中心,成为当地科技成果转化的中介机构,并开展科技成果转化的活动,建立具有经济影响力的信息采集和公布系统。

此外,有些创业型大学还建立了以跨学科研究项目为重点的研究中心和实验室,以便与当地的企业或公司合作,共同开放市场化的产品。这些是创业型大学特

---

① 伯克.大学何价:高等教育商业化?[M].杨振富,译.台北:天下远见出版社,2004:34-35.
② 万德英.校企合作创新——博弈、演化与对策[M].北京:中国经济出版社,2007:188-191.

有的措施。"一所创业型大学对于当地的发展来说意味着三件事：（1）大学自己，作为一个组织，成为一个企业结构；（2）大学中的成员，通过他们的活动，变成了创业者；（3）大学与环境的互动，从大学是一块受保护的'飞地'转变成紧密联结地区企业发展模式的重要身份。"①

对我国来讲，需要以创业型大学与地区社会发展的良好模式为榜样，鼓励大学以提升区域经济实力和水平为目标，科学地做好发展规划工作。大学既要以知识的资本化来实现学校发展，又要集中力量发展优势学科和特色学科，创建新兴交叉学科，整合学科资源，尽可能地与本地区的资源提供者合作。国家应当鼓励高等教育学校创新运营机制与模式，直接参与研究成果商业化的活动，努力开辟资金来源渠道。如，从工业企业中获得经费，从知识产权转让中获得收入，从提供多样化的学校服务中增加收入，等等，实现大学资金来源的多样化与本地化。最为重要的是，国家应鼓励大学通过创新的组织结构，主要包括研究中心、重点实验室等跨学科组织，孵化器、大学科技园区等产学研合作组织，专利技术转移办公室或授权办公室这样的专利转移管理机构等，发挥与政府和企业的合作，提升学校在区域创新环境效率过程中的领头作用。

（六）激励创业文化，以高等教育创新提升国家竞争力

创业型大学为高等教育系统注入了一个全新的组织文化元素，并形成了特殊的学术创业精神与学术创业文化。在这个全新的大学文化中，创业精神与创新精神是核心。在全世界已经掀起的创新浪潮中，创业型大学所提示的以创新促进组织发展与大学乃至国家经济竞争力的主题，对于我国高等教育组织的文化转型，实现以高等教育创新促进国家竞争力发展的战略有着重要的借鉴价值。

目前我国高等教育机构的创业文化正处在形成的过程中，在高等教育大众化之后，许多高校都感受到了生存与发展的危机，于是积极拓展各项创业行为，对教师也趋向管理主义，创业文化成为学术文化与行政文化之后的第三种大学组织文

---

① Röpke J. The entrepreneurial university innovation, academic knowledge creation and regional development in a globalized economy[EB/OL]. http://wiwi.uni-marburg.de.

化构成要素。但是,由于长期在计划体制的影响下以及我国高等教育机构市场竞争的不完整性,高等教育机构中的创业文化还不成气候。大学组织中的创业文化因受官僚主义与学术腐败的影响,容易转化成赤裸裸的功利主义,大学甚至有可能放弃自己的学术尊严去追求拜金主义的庸俗文化。

大学要真正形成以创业精神与创新为核心的创业文化,就要以激励制度为基点,建立创业文化的内在动力机制,强化师生的创新意识与创业精神。大学通过设计激励制度,重新定义大学科研与教学服务的内涵,在尊重学术自由、学术自治传统的前提下,将创业精神纳入大学的组织文化中去。创业文化意味着对大学教师与研究者的教学与研究活动的评价,不仅仅有传统意义上的科研价值,还有他们挖掘的商业价值和创新价值。大学鼓励他们从书斋中走出,并给予他们的创业行为以支持和资助。只有大学中的研究者与教授们认可知识商业价值并将它融入他们的研究与教学活动,努力通过创新实现知识及成果的更大价值时,创业文化才算在大学里形成,大学也才能成为一个具有创业精神的创业型大学。

而且,在更大的背景下,创业文化、教育创新和竞争力发展已经成为世界各国政府与各界人士普遍关注的话题。美国政府的专业机构在布什签署《美国竞争力计划》前后,对如何保持美国在世界经济中的领导地位和竞争力表示出了一种前所未有的紧迫感,发表了十多份研究报告。2005 年的《国家创新教育法》和 2006 年的《领导力的检验:美国高等教育未来指向》直接提出了教育创新在保持美国世界领先方面的重要性。[①] 如何从创业型大学的创业文化中学习创新与部署竞争力发展的战略,应当是我国当前高等教育的一项紧迫的任务。

当然,要求大学培育创业文化,鼓励高等教育与科技的创新,以此来提升国家的竞争力,是从大学作为学术的殿堂而不是从企业角度出发的改革。创业文化是促使大学达到更具创新意识、更具竞争力的工具,如果把创业文化狭隘化、庸俗化,就可能使创业文化变成急功近利的浮躁和纯粹对金钱的追逐。只有那些有利于增强学术的社会价值,不以牺牲大学应有的尊严为代价的行为,对大学来讲才是有价值的创业。

---

① 赵中建.创新引领世界——美国创新与竞争力战略[M].上海:华东师范大学出版社,2007.

二、以创业精神改造高等教育[①]

不管是高等教育自身生存与发展的需要，还是社会因素对高等教育的推动，在资本与市场的势力涵盖了高等教育领域之后，高等教育与社会的关系也就发生了质的变化，高等教育传统组织存在方式向商业组织靠拢。"市场的无形力量如同看不见的手影响着高等教育的发展，这可从两方面来看：一方面是高等教育导向完全竞争的市场历程，包括民营化、解除垄断等；另一方面是以消费者为中心的营销理念。因此，要重新思考高等教育机构、国家、市场与消费者之间的关系。"[②]在这只看不见的"手"的影响下，"再加上高等教育发展所需资金的平衡之天平从公共资金转向私立部门，大学正日益依赖于它们对商业议程与压力的反应，越来越多地具有了以前所鄙视的创业精神"[③]。大学之所以需要更多地具备创业精神，是因为现在的大学教学所要面对的不再仅仅是无可争议的知识，还要面对顾客的需求。"研究，越来越多地与大学以外的社会要求签订某种契约，正日益被看作是合同文化。"[④]高等教育的研究工作越来越难以保持为知识而知识的传统，它们正经受着来自大学内外的各种压力，这些力量使高等教育的研究变成一种商品，使大学越来越像一个出售教育服务的企业，并从商业组织中学习可以提高效率的创业精神。

事实上，这种转变在民众心目中被认为是必要的。许多时候，民众都一直对高等教育机构缺乏效率，不能像私营部门一样地为利益相关者有效服务而抱怨。因为高等教育机构一贯来以学术性的标准作帷幄，树立起极为难以测量与评估的质量概念，在公共机构所提供的服务中，教育服务的标准与质量一直令大众难以捉摸。教育活动、学术活动效果的滞后性与教学自由的理由，在为大学研究者与教授提供广阔活动空间的同时，也使高等教育系统招致了众多批评。用市场的术语来

①　温正胞. 市场与学术的对话[M]. 杭州：浙江大学出版社，2008.

②　林淑宛. 全球化对高等教育革新影响之研究[D]. 台北：台湾师范大学，2003：54.

③　Willmott H. Commercializing Higher Education in the UK：The state，industry and peer view[J]. Studies in Higher Education，2003，28(2)：89-114.

④　McNay I. The impact of the 1992 RAE on institutional and individual behavior in English higher education：The evidence from the research project[J]. Higher Education Review，1997，29(1)：34-43.

解释,一种服务要想赢得顾客,提供服务的机构就必须遵守它的承诺、实现它的承诺,这一点是至关重要的。否则商人就不可能与顾客或其他利益相关者形成一种信任关系,也不可能指望顾客会向人推荐这些产品或服务。虽然信守承诺在市场经济中已经是一个常识,但高等教育机构在这方面却做得非常令人失望。"教育品牌的失败,作为服务的提供者,在大学的顾客眼中,在建立品牌策略方面,大学已经基本上失败了。当我们将大学作为一种得到社会授权的组织来看待时,教师和研究者群体真实地感受到了这种授权的好处,而顾客(学生)和大学的公众拥有者以及社会上的大多数人,却较少感受到这种授权带来的好处。"①因此,大多数对学术的象征性价值并不感兴趣而对大学文凭的实用价值更为关心的民众,"对于所有的从事提供高等教育服务的从业者,不管是公立还是私立的,现存的还是未来的,我们要说的是:如果你想要真正的自治,那么,请证明,你的所作所为是有责任心的,而且是公众与资金提供者所能理解的"②。就像《以企业精神改革私营部门》这本书所引起的争议一样,现在也到了用企业精神来改革大学不良形象的时候了。当公司文化、创业精神相继在"象牙塔"里越来越有发言权,大学拥有了企业一般的行为与外部特征的时候,大学给人的形象已经从"象牙塔"变为企业了。在一些发达国家中,传统大学范式正在让位于创业型大学范式。虽然这些新出现的企业化大学具有传统大学所不具备的一些特点,但整个高等教育依旧肩负着为国家培养人才的使命,只是随着高等教育大众化之后,高等教育的发展模式逐渐改变,至少,原本学院主义精神一统天下的局面被打破了。那些在市场竞争中无法与学术型大学竞争的高等教育机构开始细分高等教育服务市场,它们的优势在于以一种企业化的运作方式在市场竞争中取得一定的份额。在一些高等教育机构中,这种由学院主义向市场主义转向的模式并没有受到抵制,相反,还受到了欢迎。"几乎所有的受访者都对由那些'上帝教授'颁发荣誉和地位的传统学术经费委员会的让位感到

① Peters J. Educational accreditation through ISO9000[J]. Quality Assurance in Education, 1999,7(2):38.

② Peters J. Educational accreditation through ISO9000[J]. Quality Assurance in Education, 1999,7(2):38.

欢呼。"①显然,大学教师们宁愿走向一个由市场文化主宰的管理主义而不愿滞留在受传统的学术等级与地位阶梯控制的学术部落里。

当然,以创业精神取代学术传统的后果,是市场意识形态对学术领域的侵蚀,大众对此也不是没有忧虑。"一方面,大学的智力资源通过与产业市场的联系而获得的成功可以得到很好的激励;另一方面,学术性成就完全由美元所衡量也有切实的危险。"②"如果没有任何指导、毫不分辨地遵循着商业模式,大学就处在放弃那些使它拥有与众不同的特点的最宝贵的东西——长期的研究计划、批判与改造性的学术、不属于任何一个有权势的社会机构但有责任与所有机构保持联系的机构空间。"③

或许,创业精神并不是在取代学术传统与学院文化,而是大学在与市场联姻之后,高等教育系统更显得多元化,高等教育系统的职能也更为丰富,创业在本质上是高等教育适应社会发展的方式。具有明显的创业文化与公司文化类型大学的出现,是高等教育系统调整其职能以实现更好的生存与发展的表现。

那么,在新一轮的全球经济一体化进程中,高等教育机构如何扮演好自己的角色,能否通过创业精神来实现新的发展? 这仍然是一个需要进一步探讨的问题。

---

① Marginson S, Considine M. The Enterprise University: Power, governance and reinvention in Australia[M]. Cambridge: Cambridge University Prss, 2000:42-45.

② Marginson S, Considine M. The Enterprise University: Power, governance and reinvention in Australia[M]. Cambridge:Cambridge University Press, 2000:42-45.

③ Marginson S, Considine M. The Enterprise University: Power, governance and reinvention in Australia[M]. Cambridge:Cambridge University Press, 2000:42-45.